다 셀 수 없는 열 마리 양

다 셀 수 없는 열 마리 양

김태형 시집

청색종이

시인의 말

나갈 수 없다면 여기에 만들자고 했다.
지은 사람이 아니라
그 안에 사는 이가 완성해 나가는 것이 있다.
그렇게 이루고자 했다.
이제 조용히 그만둘까도 싶었다.
다 소용없는 일이라 여겼다.
그래도 오늘은 밤을 새워서라도
무엇인가 다시 간절하게 기다려야 한다.
나무들 사이로 바람이 불어올 것이다.
그 목소리를 들어야 한다.

김태형

차례

다 셀 수 없는 열 마리 양

김태형 시집

5 시인의 말

I

13 흑백고원
14 죽은 개가 내 이마에 침을 흘리며 지나간다
16 하객들
18 신전
19 달의 뒤쪽에 대해서는 말하는 게 아니다
20 잉어
22 염소와 나와 구름의 문장
24 목소리
25 어느 절벽
26 별
28 별똥별
30 어느 목동이 가는 막대기로 잔불을 들추었는지 별이 진다
32 떨어진 단추
34 남은 사과
36 개
38 밀주

40 그래도 살아야 할 날들처럼 나는 죽음을 생각한다
42 오래된 말
44 은귀고리
46 뱀
47 여행자

II

51 개구리가 운다
52 마흔
54 고백이라는 장르
56 도마뱀
57 거룩한 위장
58 호랑이다!
60 버려진 개
62 고도를 떠나며
64 햇빛과 먼지와 황무지와 그리고
66 아무것도 아닌 것으로 돌아가기 위해서라도
67 위험한 정원
68 판공초
70 주홍의 시간
72 짜이
74 다리가 하나 부러진 나무 의자
75 재단사

III

- 79 말할 수 없는 것에 대해서만 말해야 한다
- 80 밀린 일
- 82 그러한 밤
- 83 묶음
- 84 하지에는 그런 말이 없다
- 86 양서류
- 87 허물
- 88 옷새말길
- 89 구름 사육장
- 90 반쪽
- 92 뒤늦은 대화

IV

- 97 고양이 강좌
- 98 허리가 긴 흰색 고양이
- 100 보이저 코드
- 102 갈라파고스 커뮤니티
- 104 이모
- 106 낡은 신발
- 108 귀
- 110 늙은 구름
- 112 아버지
- 114 야윈 고양이 달

116 　진흙 연못
118 　저물녘에 돌 하나 던지다
120 　저물녘에 바닥을 내려다보다
122 　눈먼 사내
123 　다 셀 수 없는 열 마리 양

129 　해설
　　　삶의 여실성과 숭고함에 대하여 | 박동억(문학평론가)

I

흑백고원

　화산재가 쌓인 듯 세상이 온통 황막한 벌판을 이루는 동안 늙은 나무들이 화석이 되어 비와 햇빛을 견디는 동안

　무엇보다도 자기 자신을 견디는 동안

　사라졌던 주문처럼 내가 결코 말할 수 없는 것들처럼 북쪽의 높은 숲을 지나온 오래된 바람이었을까

　두근거림뿐이었다 한 마리 겁먹은 쥐새끼가 되어 내 심장을 내가 갉아 먹는 줄도 모르고 있었다

　너무 먼 것은 자기를 넘어갔기 때문이라고

　부는 바람은 부는 바람일 때만 부는 바람이라고 다 지나간 일이라고

죽은 개가 내 이마에 침을 흘리며 지나간다

맨발인 채 어슬렁거리던 사람들이 지나가고
찬가를 들으며 가만히 오래 앉아 있다 나온 신도들이 지나가고 행인들이 느릿느릿 지나가는
이 길을 따라 걸었습니다
거품이 끓어 오르는 썩은 시냇물처럼 길은 흐르고
이빨을 드러낸 채 검은 개가 죽어 있습니다
그 죽음은 누가 치워 가지도 않습니다

죽은 개가 한때 침을 흘리며 어슬렁거렸을 길 위에서
성인들과 깨달은 자들이 그리고 수많은 순례자가 따라갔을 이 길 위에서
무릎 꿇고 내가 흘린 몇 방울 땀으로 젖어 있는 길바닥의 흙을 양미간에 바릅니다
거룩한 이가 태어난 좁은 감옥의 벽을 만지며 회랑 안에 앉아 찬가를 듣습니다

무더위와 함께 뜨거웠던 내 심장도 잠시 느려집니다
내 이마에 죽은 개가 침을 흘리며 지나가고

썩은 시냇물이 지나가고 내가 걸어왔던 길들이 다시
지나가고
  잃어버렸던 말들이 이제는 쓰지 않는 말들이 지나가고
  배신자들과 그리고 내가 등 돌렸던 이들이
  나를 사랑했던 사람과 나를 망각 속으로 던져 버렸던
자들이 지나가고
  그렇게 나 역시 나를 지나가고 있었습니다
  누군가 당신인 듯 나를 보는 눈길이 지나가고

하객들

개울에서 흰 구름 하나를 끌고 왔습니다
해가 저물고 어둠이 깊어 오자
성난 구름도 밤 공기처럼 고요해졌습니다

하얀 말 잔등 위에 올라타고
요란한 북소리를 밟으며 그녀에게 갑니다
물방울에 매달린 소녀들이
결혼식장까지 내 뒤를 따라왔습니다

하객들은 살 속까지 깊이 엉겨 붙은 무더위에 지쳐
귀뚜라미와 메뚜기와
눈먼 날벌레가 되어 있습니다

땀에 젖은 춤과 북소리와
수백 가지 음식과 구경꾼들 사이에서 나는
곧 당나귀가 될 것입니다

그녀는 어디에 있을까요

저녁노을이 되어 사라진 두 발목을
어디선가 어루만지고 있겠지요
밤이슬에 숨어서 영영 나타나지 않겠지요
흰 구름이 나를 내려놓고 어딘가로 사라졌습니다

신전

가만히 두 눈을 감으라 했다
어둠으로 들어가
자리를 틀어 앉으라 했다
길고 미끄러운 꼬리가 허리를 감아 왔다
한 마리 뱀이 어둠 속으로 돌아갔다
수풀 속에서 울부짖던 것들이
고개를 내밀다 지나갔다
밤이 되자
오래 굶주린 것들이 기어나왔다
비린 살 냄새가 풍겨 왔다
두 눈을 뜨라 했다
내쳐 삼켜 버리고야 말았던 말들이
검게 갈라진 혀끝이 바짝 타들어 갔다

달의 뒤쪽에 대해서는 말하는 게 아니다

나 때문에 내가 보이지 않는다
달의 뒤쪽은 달이 있어 보이지 않는다
갇혀 있으면서도
길고 좁은 어둠이 보이지 않는다
이곳은 저곳이 아니라서
가까스로 이해한 문장에만 밑줄을 친다
네가 있어 네가 보이지 않는다고

잉어

여전히 넘쳐흐르고도 남은 말이 있었으니
물고기 한 마리가 느닷없이
네 푸른 입속으로 뛰어들었다

햇빛이 눈꺼풀을 가졌어도
버드나무 잎사귀가 된 적은 없다
물방울 같은 허공으로
눈 뜬 적이
나는 단 한 번도 없다

살이 되고 땀이 되고 비릿한 냄새가 된 적이
없으면서도 그런데도 말은
자꾸만 차오르고
넘쳐흘러 튀어 올랐다

이끼 냄새가 났다
입술에 묻은 햇빛이 입술을
다 가져가는 동안

물결이 되어 이내 나는 가라앉았다

그런 말이라서 참 다행이다
넘치고 튀어 올라도
늘 물결이 되어 가라앉아서
또 어느 때인가
나를 치고 올라와서 그런 말이라서

염소와 나와 구름의 문장

며칠 전 작은 구름 하나가 지나간 곳을 찾아가는 중입니다
풀을 뜯으러 가고 있습니다
몇 방울 비가 내린 자리에 잠시
초원이 펼쳐지겠지요
이름을 가진 길이 이곳에 있을 리 없는데도
이 언덕을 넘어가는 길이
어떤 이름으로 불리는지 물어봅니다
이름이 없는 길을
한 번 더 건너다보고서야
언덕을 넘어갑니다
머리 위를 선회하다 멀찍감치 지나가는 솔개를
이곳 말로 어떻게 부르는지 또 물어봅니다
언덕 위에 잠시 앉아 있는 검독수리를
하늘과 바람과 모래를
방금 지나간 한 줄기 빗방울을
끝없이 펼쳐진 부추꽃을
밤새 지평선에서부터 저편으로

건너가고 있는 별들을
그리고 또 별이 지는 저곳을
여기서는 무엇이라 부르는지 물어봅니다
어떤 말은 발음을 따라 하지 못하고
개울처럼 흘러가는 소리만을 들어도 괜찮지만
이곳에 없는 말을
내가 아는 말 중에 이곳에만 없는 말을
그런 말을 찾고 싶었습니다
먼저 떠나는 게 무엇인지
아름다움에 병든 자를 어떻게 부르는지
그런 말을 잊을 수 있는 곳으로
그런 말이 없는 곳으로 가고 싶었습니다
뿌리까지 죄다 뜯어먹어 메마른 구름 하나가
내 뒤를 멀찍이 떨어져 따라오고 있습니다
지나온 길을 나는 이미 잊었습니다
누군가 당신인 듯 뒤에서 이름을 부른다면
암갈색 눈을 가진 염소가 언덕을 넘어가고 있을 것입
니다

목소리

— Mantra

아무렇게나 깊은 우물 속에 내버려졌어도
달빛이었는지 아니면 목덜미 아래
젖은 어깨를 스치는
한 줄기 바람이었는지
사람들의 말 속에서 다시 태어나는 것이 있다
입에서 입으로 전해진 노래는
바닥에 떨어지지 않는다
누가 못질을 해서
어둠 속에 내어 걸었다 하더라도
눈물 흘리던 별들은
오래전 사라지고 남은 기억일 뿐이지만
사람들 숨결에 실려 이어온 낮은 노래는
누군가의 저녁 기도가 되고
이렇듯 삶이 되었다
한 번도 그 어딘가에 매달려 있지 않았으므로
단 한 번도 스스로 높은 곳에 오른 바 없으므로

어느 절벽

느릿느릿 커다란 트럭이 앞서 가며 모래와 부서진 자갈을 뿌린다
경사진 길을 오르지 못할까 싶어 바짝 따라가다
바람이 얼어붙은 곳까지 다다랐다
소나무가 제 가지를 쳐서 묵은 눈을 흩날린다
절벽 위에서 절벽은 절벽을 다 내던진다
누가 이곳까지 올라와 긴 숨결을 한없이 내려만 놓고 있었는지
내 입술에 묻은 하늘마저 파르르 떨린다
한차례 묵은 눈가루가 흩날리자
한 줌의 그림자가 햇볕 속에서 선명하게 반짝인다
나도 몇 해는 사는 게 두려웠다
다 놓아줄 수 없다는 것을 깨달았을 때 절벽은 절벽 앞에 서 있다
그러자 묵은 눈이 또 내린다
눈은 내리고 나는 허공에다 입을 벌리고 저녁으로 서서 하얀 입김이 되어 있다

별

다 저문 석양 앞에 겨우 무릎을 대고 앉아 있다
내가 갈 수 없는 저곳에서
저녁별이 떠오르기를 기다리고 있다
갈색 염소와 어느 사내의 눈빛을 닮은 양들이
작고 둥근 똥을 싸며 지평선을 건너오기 시작한다
한평생 기른 가축들을 끌고 누군가
밤하늘을 건너가려고 한다
내겐 기르던 개마저도 떠났다
종일 물 한 모금만으로도 배고프지 않았는데
밤새 저 순한 가축들을 따라서
초원의 풀들을 모조리 뜯어 먹고 싶다
내 텅 빈 눈빛마저 뿌리째 뜯어먹고 싶다
짐승의 썩은 내장처럼
찢어져 나뒹구는 타이어 조각
어디에서 떨어졌는지 모르는 녹슨 쇠붙이와
돌조각과 모래와
천천히 제 무거운 몸을 끌며 지나가다
문득 검은 비를 내리는

구름이 있다
지평선에 반쯤 걸쳐 있는 흐린 별자리가 있다
나는 염소자리
느릿느릿 풀을 뜯고 지나간 자리에
이제 막 새로 생긴 검은 초원이 펼쳐져 있다

별똥별

사라지는 것을 향해 빌어야 할 것은
오로지 사라지는 것뿐이었던가
삼십만 년만 더 간다면
등 뒤에서 끌어당기는 사나운 중력을
견뎌낼 수만 있다면
영원한 고요의 바다를 지나갈 수만 있다면
그 무엇이든 별이 되었을 것이다
간혹 자기를 놓쳐 버린 구름이
먼지와 얼음조각들이
손목을 긋고 떨어져 나와
송두리째 자신을 불태워 자진해 버리기도 한다
한순간을 위해서였다면 별은
다른 하늘에서 떨어져 내렸을 것이다
서너 걸음마다 뒤미처 떠오르는 생각처럼
다 타고도 남은 것이 있다면
저 잿빛으로 환한
오래고 오랜 밤하늘 때문이다
이런 것이다 나와 당신과 바람과 황무지와

끝도 없이 펼쳐진 이 광막한 어둠은
새로 생긴 실핏줄 하나가 눈망울 속을 지나가듯
저릿하게 저릿하게 살아 있다는 것은
지워지는 게 아니라 지워지는 게 아니라

어느 목동이 가는 막대기로 잔불을 들추었는지 별이 진다

밤하늘에 가죽 덮개가 펼쳐졌다
오래되어 군데군데 닳은
그 구멍으로 검불을 모아 태운 빛이 새어나온다
그게 별이라고 믿는 곳에서는
여기보다 더 큰
저 너머 초원의 밤을 건너다보게 된다
솔개가 가만히 앉아 있는 언덕에도
멀찍이 떨어져 느짓이 양 떼를 따라가던 검은 개도
야생부추가 흰 꽃을 피우는 자리에도
심지어 염소똥마저도
다 있는 적막처럼
내가 올려다보는 눈빛으로
누군가 나를 내려다보고 있다
저곳에서 어느 목동이
가는 막대기로 검부스러기 잔불을 들추었는지
천창에 별똥별 하나가 떨어지고
그 불씨를 받은 천막도
힘차게 밤하늘로 불똥을 뿜어 올린다

혼자가 아니면 이렇게 서로 바라볼 수가 없다
이 별이 다 지기 전에 어젯밤처럼 나도
사나운 모래바람에 뜯긴 길쭉한 가죽을 덮고 잠들 것이다
자다 깨어 꺼져 가는 장작 난로를 향해
눈 매운 입바람을 후우 불면
저편 밤하늘로 별똥이 오래오래 떨어지겠지
저편에서도 내 불씨를 받아
꺼져 가던 불꽃이 숨결처럼 되살아나겠지

떨어진 단추

햇빛 먼지 속에서 아이들 몇이 나타났습니다
가까이 오지도 않고 아무런 말도 없이
저만치 그늘에 앉아서 가져온 보따리를 풀고 있네요
그늘에 이것저것 꺼내 놓고 있네요
뭔가 싶어 다가가니 돌멩이 몇 개뿐입니다
떨어진 단추가 고작입니다
가만히 보니 이 녀석들이
이런 것을 팔겠다고 바닥에 펼쳐 놓고 있었던 것입니다
얼마냐고 물어봐도 대답이 없습니다
손가락 두 개를 펴 보여도
수줍은 듯 얼굴을 들지 못합니다
가격은 사는 사람이 정하면 되는 걸까요
떨어진 단추 하나를 샀습니다
어디에 달아두기에는 짝이 안 맞겠지요
목동자리 밑에나 새로 생긴 별처럼 달아 둘까요
이제는 밤하늘을 올려다보는 이가 없으니
그것도 미안한 일입니다
호주머니 속에 넣고 다니다 언제 잊을지도 모릅니다

사막에서 돌아와 작은 유리병에 모래를 담고
단추를 함께 넣어 두었습니다
밤하늘쯤 높이 걸어 놓지는 못하고
모래바람이 잦아든 마음에나 하나 달아 두었습니다

남은 사과

어느 착한 손이 있어 나에게 이렇게
사과 한 쪽을 내놓는 것인가
아침 식탁에 한 접시 잘 깎은 사과가 놓여 있다
몇 번 오가다 눈여겨본 식당에 다녀오면서
언덕 아래 노점에서 사온 것이었다
종이에 싼 과일들이 길바닥에 쏟아질까 싶어
걸음마저 늦추어 한 아름 들고 왔다
국광도 아오리도 아닌
아무렇게나 비탈에서 자란 조그만 사과
그래도 오던 길에 원숭이들에게 빼앗길지 모르기에
품 안에 꼭 싸안고 왔다
주먹만큼도 안 되는
작고 볼품없는 연둣빛 사과
단물이 넘쳐흐르지 않는 뻣뻣한 사과를
저녁나절 한입 베어 물다 말고
한편에 밀어 두었는데
아침이 밝기도 전에 원숭이들이 다 가져갔다
빼앗기지 않으려고 가슴에 품었던 것들을 밤새 잃었다

한갓 보잘것없는 것들만
오래도록 붙들고 있었는지 모른다
그런 마음을 알기라도 하는지
나에게 말간 사과 한 쪽을 내놓고 있다
다 늦은 아침에 어느 착한 손이 있어

개

아직도 누런 달을 향해 짖고 있는가
알 수 없는 그 무엇인가를 향해서만 짖어 대던
밤의 울음소리는 잊은 지 오래
석양이 되지 못한 먼지들
모조리 다 태우지 못하고 떨어져 남은 운석들
그 어느 것도 검은 눈동자 속을 지나가지 않았다
오래전 달이 두 개였다 한들
무슨 소용이란 말인가
서로 부딪쳐 하나는 사라지고
다른 하나는 여전히 상처를 안고 있겠지만
그 흔적 속에서 밤의 태양이
부러져 썩은 갈비뼈를 감추며 되비쳐 오더라도
낯선 것을 향해서만 맹렬하게 두려움을 드러낼 뿐
개는 자기를 물어뜯지 않는다
자기를 향해 짖어 댄 적이 없다
아무런 두려움도 없이
저물녘을 건너다보는 눈먼 사내처럼
느닷없는 이 울음소리에는

비로소 개가 되어 짖어 대기 시작한
그 처음의 모멸과 부끄러움과
세상을 다 물어뜯으려 했던 사나운 이빨이 없다
발밑에는 어젯밤처럼 빈 뼈만
수북이 쌓여 있다
말할 수 없는데도 기필코 말하기 위해
제 붉은 혓바닥을 씹어 삼켜야만 하는 침묵처럼

밀주

잘못 마시면 눈이 멀지도 모른다 했습니까
금주령이 내린 어디 어느 곳에서는
백여 명이 하룻밤에 모두 짓끓던 목숨을 잃었다지요
사람을 속이는 그런 술을 찾아온 건 물론 아니겠지요
늙은네들이 모여앉아 마시는 허연 밀주
투박한 대접으로다 한 잔 받아 들고 싶었습니다
모두 즐겁게 몇 잔을 더 돌리는 동안
아무래도 나는 그 한 잔 술에 눈이 멀 것만 같습니다

발음이 서로 다른지 시장 골목 사람들도 잘 모르네요
그런 술은 사라졌다는 이도 있네요
우연히 지나치다 들으니
가끔 그런 술을 만들어 먹는 집이 있기는 있다는군요
저기 어디 골목을 돌아 내려가면 된다는데
우르르 모여서 가지는 말고
한 사람씩 꼭 조용히만 가 보라는군요
파는 게 아니니 그저 한 잔씩 얻어 마시라는군요
그런 술을 내게도 권하셨지요

눈이 멀어 오도 가도 못 하고
그만 앉은자리에서 미쳐 버릴지도 모를 그런 밀주를
나 역시 한 잔 들이켜고 싶었습니다
몇 대를 이어 집 안 구석구석 군내 나는 그런 기억들을
세찬 바람만이 넘어가던 저 돌들의 언덕을
나는 두 눈을 바치고서야 볼 수 있을지 모릅니다
그리고 무엇을 또 어둠처럼 보게 될까요
제대로 된 밀주라면 정말 사람을 알아보겠지요
그런 밀주라야 어디 한번 목숨 걸고 마셔 보지 않겠습니까

그래도 살아야 할 날들처럼 나는 죽음을 생각한다

낡은 유모차에 빈 박스를 쌓아서 끌고 가는 것 같다
누가 그 위에 등 굽은 그림자 하나를 더 얹어서
느릿느릿 끌고 가는 소리 같다
가로등 불빛이 조금 따라오다 못 미친 길 위에서
아주 느리게 끼이익 끼익 짐을 싣고 가는 소리 점점
가까이 들려온다

아무것도 싣지 않고도 무거운
리어카를 힘겹게 그러나 쉬지도 않고
밀고 가는 것 같다
바람 빠진 바퀴를 굴리는 듯이
구역 꽥 구역꽥 점점 위태로운 소리가 다가온다
뒤돌아보니 저만치
십여 마리의 새들이 날아가고 있다

며칠 더 기다리다 결심하듯 떠나는 것일까
어스름에 잠시 눈을 붙였다가
서둘러 길을 나섰을까

바람에 찢긴 돌 하나 주워 들어
다시 내려놓은 곳으로
화살촉을 뽑아낸 가슴에서 겨우 저물던 그곳으로
마른 그림자가 뒤늦게 따라가고 있다
귓속의 솜털 같은 한 자락 바람이 조금 남은 북서쪽 하늘에 묻어 있다

오래된 말

 말처럼 쉬운 게 또 어디 있으랴만 하늘을 끌어내려 천막을 펼치고 기다려도 맨발로 히말라야를 넘어온 별들은 아직 보이지 않는다

 기원을 헤아릴 수 없는 오래된 만트라는 어떤 언어에도 속하지 않는다는데

 몸을 받아 태어난 아이들은 길바닥이나 연꽃잎을 가리지 않고 모두가 잃어버린 울음소리를 낸다

 더 이상 갈 곳이 없어서가 아니라고 다짐해 두었지만

 해가 지고 검은 개가 어둠 속으로 바짝 목울대를 치켜올린다

 사라진 귀의 흔적이 새파라니 그 자리에 남아 있어 밤새 찬바람이 들레다 지나가지 않도록 가만히 덮어 놓는다

이끼 덮인 쪽 돌 귀퉁이에서 묻어 온 눅눅한 그늘이거나 밤바람을 깨워
　어깨를 기대는 그런 낮은 목소리가 되기를 바랄 뿐

　누군가는 제 울음소리가 들리지 않을 무렵에야 길을 나섰을 것이다

은귀고리

　달이 허물을 벗는 동안 검은 혓바닥이 귀밑에 날름거리는 통에 머릿속이 죄 녹아내리는 것 같았습니다

　온몸을 휘어 감고 귀밑까지 기어오른 뱀, 고름투성이 똬리를 튼 비릿한 뱀 한 마리

　며칠 동안 뱀이 들려주는 말들을 들었습니다

　귀는 자궁 속에 웅크린 태아의 모습과 닮았다지요 어디서 들러붙었는지 몰라도 귀밑을 슬그머니 기어서 그놈은 때를 기다렸던 것입니다 달이 차오르기를

　새벽 푸른 공기를 타고 귀밑을 기어나가려던 뱀

　차라리 이 흉물스런 한 마리 뱀을 바닥 모를 검은 흉곽 속에 가두어 두기로 했습니다
　왼쪽 귀밑에 은귀고리를 하나 달았습니다

때를 놓친 저놈의 뱀이 바짝 독이 오른 턱을 치켜들고 쉬르르 쉬르르 가슴을 조인 채 타는 제 혓바닥을 날름거릴 때

밤새 방랑자들이 두드리는 북소리에 홀려 퉁퉁 부어오른 귀밑에 고름이 흐르기 시작했습니다

은빛 귀고리 하나 제 꼬리를 물고 빈 바닥을 기어 다니고 있었습니다

뱀

밤이 되자 먼 곳이 더 훤히 건너다보이는데도
그 어떤 말조차 건너가지 못하고
어떤 다른 말이 되어
되돌아올 수도 없는 것이어서
그게 두려워서 밤이라서
뱀은 운다
한껏 목을 추어올릴 뿐
자기가 뱀이라는 것을 거듭 확인하고서야
그제야 우는 것을 멈춘다
할 말을 잊은 듯 귀만 남아서
끊임없이 반복되는 그런 말이 있어도
안으로만 소용돌이치는
젖은 귀만 대신 남게 되어서 그래서
한갓 진흙덩이로 되돌아왔을 뿐이라고 생각하자
힘없이 울어 댄다
울다 보면 자기를 잊게 될지도 모른다고

여행자

누가 한 줄짜리 악기를 튕기다 간 게 분명하다
그렇지 않았다면 낯선 침대에서
하룻밤 깨어나지도 못했을 것이다
언덕에서 한 소절 한 소절
귀로 배운 노래를
누군가 옮겨 놓고 갔다
갯버들 아래 그 얕은 그늘쯤에
잠시 내려앉은 바람처럼
잔물결이 모여들어서 모여들어서
내가 모르는 세상 얘기를
다 들려주고 가는 그런 날이 있다
물동이를 머리에 이고
흘러내리는 머리카락을 맑은 허리춤에 꼭 쥐고서
햇볕 한 자락이 내 머리맡을 지나갔다

II

개구리가 운다

개구리들이 며칠 전부터 울어 대고 있다
늦은 밤에 찬바람 소리 그치자
창문을 조금 열어 본다
자기가 무엇인지 알 수 없어서
우는 소리 같다
저 울음이 그치고 나면 개구리들은
물웅덩이에 알을 낳을 것이다
자기가 무엇인지 알 수가 없어서
저렇게 밤새 울면서 또 자기를 낳을 것이다

마흔

진눈깨비가 되었다가 비가 되었다가
결국 다 지난 일이 되어 버리듯
지나가는 거라고 생각할 때
덩치 큰 유조차가 씩씩거리며 앞질러간다
유리창에 빗물과 진흙이 가득 뒤덮여
앞이 보이지 않는다 그래
이젠 아무것도 보이지 않는다
이쯤에서 끝낼까
한계령으로 넘어갈까
하다가 그만둔다
내리막이 더 가파르다 그쪽은
돌아오기에 너무 멀다
하지만 잊는 것은 두려운 일이다
고작 몇 푼어치의
알량한 것들을 잃을까
걱정되어서가 아니라
그다음에 어떤 선택을 하게 될지
나도 모르기 때문이다

어젯밤 아직 뜨지 못한 채 갇혀 있던 어느 눈동자가
죽은 애벌레 속에서 꿈틀거리고 있었다

고백이라는 장르

누구도 저 야윈 어깨를 열어 보지 않았다
창틀은 내내 얼어붙어 있었다
무슨 소린가 들린 듯했지만
유리창 안에 맺혀 있던 물방울이 흘러내려 다시 얼어붙고만 있었다
자기 이름을 부르는 사람은 없다
뒤돌아선 그마저도
닫혀 있는 어둠을 들여다보지 않았다

누가 다가오기라도 할까 싶어
햇빛에 못을 박았다
먼지 낀 햇빛이 녹아내리자 지평선 하나가 바닥을 끌고 갔다
누런 알몸뚱이를 드러낸 말들이
서둘러 밖으로 흩날렸다
지우려 할 때 지우려 했던 것만이 가장 선명했다
빠르게 기억으로 돌아가려는 듯이
모든 것이 투명해지고 있었다

한동안 사용했던 공용어는 사라지고 절벽이 하나 새로 생겨났다
마른 허공이 다급하게 손을 뻗었다
다른 말들이 절벽을 지우며 들려왔다
실핏줄이 모여들어 검은 눈동자를 만들고 있었다

도마뱀

아무도 지나가지 않는 늦은 밤에 희미한 빛에 매달려서 무엇인가 이쪽을 들여다보고 있다

손목이 잘린 채 허공 속으로 그 무엇 하나 잡아당길 힘조차 없는 손가락들

기어다니는 것들은 바닥처럼 자기를 움켜쥐고 있다

무엇엔가 들켰는지 허연 얼굴 하나가 꼬리를 치며 사라진다

거룩한 위장

마른 풀이 듬성듬성 나 있는 언덕을 걷는다
털갈이 동물의 거대한 등짝 같다
때마침이라고 해야 되나
뭔가 뒤에서 스윽 지나간다
뱀의 서늘한 비늘이 목덜미를 스쳐 간 듯
함께 걷던 이의 걸음이 멈칫거린다
서서히 모래가 되어 가는 부서진 돌멩이들
이곳의 땅을 닮은 도마뱀이
꼼짝을 않고 있다
마른 햇살이 멀리 먹구름 사이로 내려앉은 이 녀석은
붉고 색 바랜 사막의 잔돌로 온몸이 가득하다
이 녀석은 지금 사막인 척하고 있다
그러고 보면 사막은 나인 척하고 숨죽여 있는 것은 아닐까
이런 것이 일생이라면
이 거룩한 위장이 한평생이라면
내가 석양이거나 바람이 내려놓은 영혼이라면
그늘에 숨은 한 줄기 햇빛이었다면

호랑이다!

 부스럭거리는 소린가 엊저녁 개 짖던 소리도 이 골짜기까지는 따라 들어오지 못하는데 어디서인 듯 나를 따르다 멈칫거리는 소리가 들린다 가파른 산등성이를 올려다보니 찬바람만 휙 지나간다

 또 몇 굽이 걸어 들어가니 꽝꽝 얼었던 개울물 소리 가득하고 문득 뒤돌아보면 산새가 한 마리 콩닥콩닥 제 가슴 뛰는 소리를 밟고 날아간다

 짐승의 발자국이다 저만치 개울 건너간 발자국이 덜 녹은 눈 위에 선명하다 멧돼지였을까 씩씩거리며 자꾸만 무엇인가 나를 따라오는 것 같다

 아무도 없다고 생각하니 두 귀가 마른 잎처럼 떨리기 시작한다 혹시나 곰이 살아 있을까 바위 밑에서 겨우내 굶주린 것이 아침 햇살에 검은 눈을 동그랗게 뜨고 있지는 않을까 절벽 위에서 무엇인가 곰작거리고 있다

개울가에서 반듯한 돌이나 몇 개 주워서 헛된 생각이라도 눌러두듯 허망한 바람이라도 품어 보듯 한쪽에 가만히 쌓아 올리려고 나선 걸음일 뿐인데

 쌉싸래한 나물에 봄볕 젖은 흙내 은은한 쑥달래국에 아침밥 얻어먹은 게 오랜만일 뿐인데

 그녀였을까 눈 밑으로만 웃어 보이던 그 얼굴이었을까 마른 바위 위에 사내를 하나 물어다 놓고 앉아 있는 까마득한 까마득한 뒷모습이었을까

 빈 등짐 하나 가슴까지 바짝 끈을 당겨 메고 솔방울 흩어진 골짜기를 몇 번 더 돌아서 어딘지도 모를 곳으로만 나는 자꾸 이끌려 가고 있다

 그때 또 무슨 소린가 두근거리는 소리는 그토록 찾아 헤매던 이 그리운 것은

버려진 개

꼬리를 둥글게 말고 잠들어 있거나
딱히 바라는 것도 없이
무심코 어슬렁거리는 개들
낮에는 골목 한편에 자리를 잡고
잠깐씩 인기척에 졸린 눈을 뜨거나 주둥이를 다시
꼬리 속으로 말아 넣을 뿐

둘러봐야 할 수 있는 건 아무것도 없다
짖어 본들 별수 있겠는가
개들이 짖지 않는 건
지켜야 할 게 없기 때문이다
쓰레기통 속의 먹이도 제 아늑한 집도
아무것도 없기 때문이다
지루한 해가 지고 어두워지면
정말 아무것도 보이지 않게 되면
개들은 하나둘 소리 내어 울기 시작한다

그 지긋지긋한 울음소리로

사람들을 피해 밤에만 온 동네를 돌아다니는
버려진 개들 밤에만 쓰이는 문장들
그들을 너무나 잘 알고 있다 그 낯선 문장들을

고도를 떠나며

아무런 인연도 없이 내 뒷모습마저 지워지는 게 두려웠던가
 제 걸음도 아닌 걸음을 따르는 건 마찬가지겠지만
 일행의 뒤만 바짝 따르고 있었다
 한 번 건너면 돌아갈 수 없을 만큼 험한 길이었는지
 간판도 없는 상점 앞에 무릎 꿇은 채
 죽음마저 귀찮다는 듯 늙은 낙타가 앉아 있었다
 웬일인지 홑청 한 단 등짐이나마 실어 올리면
 곧 일어설 것 같아
 선뜻 헐값을 치르고 산 낙타 한 마리
 힘겹게 일으켜 세우자 오래전 왔던 길을 기억하는지
 어디론가 저 홀로 걷기 시작했다
 죽을 자리 찾아 여기까지 온 건 아니라는 듯
 그래도 뭔갈 들키지 않으려는 듯
 먼 곳만 쳐다보며 걷고 있었다
 마른 심장을 손에 들어 둥둥둥 북을 치고
 빈 바닥을 들어 올려서는
 몸으로 둥근 원을 그리던 거리의 아이들

그 사이를 비집고서 나는 낙타 등에 올라타 있었다
그때만 해도 저 지층이 없는
바람과 모래 언덕을 향해 느릿느릿 걷고 있었다
짓다 만 건물 앞의 흙덩이 같은 아이들이
그 커다란 눈으로 몰려들 때까지는
검게 타들어 간 눈동자가 이내 때 절은 손길이 되어
내 시선을 빼앗으면서
시장 한복판에 홀로 남겨질 때까지는
소똥인지 진흙인지 모를 내 발자국을 뒤돌아보기 전까지는

햇빛과 먼지와 황무지와 그리고

그러니까 황무지란 아무것도 없는 곳이어야 한다
뜨거운 햇빛 아래 잠시 서 있는 것도
함께 같은 지평선을 오래오래 바라보는 것도
서로 딴생각에 눈감고 있을 뿐인 것도
아무것도 아무것도 없어야 한다
그러나 나는 구름을 바라보려고 했다
오늘 밤에 별을 볼 수 있을지
저편 하늘을 애써 헤아리려고 했다
얼마만큼 왔으며 또 내일은 어디까지 가야 하는지
이름이 무엇이고 그래서 이런 것이라는
온갖 것들에 휩싸여 있었다
아무것도 아닌 것들로만 가득했다
차 안에서 불편한 엉덩이를 탓하고
발 뻗을 자리를 구하고
잠시 너를 생각하고 누군가를 미워하고 잊으려 하다가
다시 사악한 영혼처럼 사로잡혀 있고
햇빛과 먼지와 지나가는 트럭과 낙타와 길을
냄새와 역겨움과 어떤 황폐함을

그리고 또 편안한 잠자리를
이 모든 아무것도 아닌 것들을
정작 나는 찾아가고 있었는지 모른다
그런 게 나였고 이 지긋지긋한 삶이었고
한 점 붉은 먼지로 돌아가
온 세상을 이루는 것이었을지도
그러니까 황무지에서는 아무것도 아닌 것이 되어야 한다

아무것도 아닌 것으로 돌아가기 위해서라도

어디를 지나왔는지 묻는다면 들려줄 말이 내겐 없다
고갯길이 시작하는 곳에서 서쪽 계곡까지
그 이름을 말해야 한다면 그저 그 이름일 뿐이다
굳이 또 무엇을 보았는지 묻는다면 이렇게 말할 수는 있다
돌의 기원을 보고 왔다고
어디서 저 바위가 굴러떨어졌는지
어디로 다시 떨어져 침묵의 돌멩이가 될 것인지
자갈이 되고 모래가 될 것인지
보고 왔다고는 말할 수 있다
이렇게밖에는 말할 수 없더라도 더욱 나는 말할 것이다
돌멩이와 자갈과 모래로 또 어느 세월을 제 몸으로 무거워져 바람이 되면
바람을 괴로워할 일이 없으니까
내가 되면 나를 괴로워할 이유가 없으니까
아무것도 아닌 것으로 돌아가기 위해서라도 그래서라도

위험한 정원

　얼었다 녹은 듯 젖어 있던 발길이 바닥으로 조금 더 돌을 눌러 놓듯이 물결들이 내 귀밑을 스치고 지나갑니다 마른 바닥을 간신히 감추듯 물결 소리가 차갑습니다 그 자리에 돌을 하나 놓고 간 이가 있습니다 그 자리에 돌이 되어 남은 이가 있습니다 기억나지 않는 울음소리를 물고 꽁지가 짧은 새들이 저만치 날아갑니다 바람이 바람을 벗어날 때가 있다 해도 돌을 하나 놓고 간 손길은 제 손길을 다 가져갈 수는 없었나 봅니다 손을 내어 잡을 수 없는 돌이 거기에 또 있었나 봅니다 저물녘이면 멀찌감치 돌아선 나무들마저 발끝을 들어 가만히 들여다보고 갑니다 그새를 놓칠세라 달이 차오르고 또 누런 해가 떠오릅니다

판공초

이제는 왜 가느냐고 묻는 이도 없습니다
뭐가 있을 거라 짐짓 기우는 마음도
무엇도 아무것도 없습니다
산자락 밑으로 호수는 사라지고
그 넓이를 헤아릴 수 없으니
하늘만큼이라고 내게 보이는 어느 지평선까지라고
그쯤으로만 여겨둘 뿐입니다

소금호수에는 뜯어먹을 억센 풀조차 자라지 않으니
이 하늘로는 새들도 날아가지 않는가 봅니다
전해야 할 말이 없어서 다행입니다
하늘만이 그 끝을 감춰 두고 있습니다

이 호숫가에
잔물결에나 무릎을 모으고 앉아서
내게 고인 물결 하나
놓아주고만 싶었습니다
돌아오고 나면 다 잊을 거라고

새하얀 말들을 꺼내어
한 물결 놓아주었습니다

둥근 길 하나가 안타까운 듯
너른 호수에 가까이 다가서서 물결을 받아내고
물결을 받아내고는 합니다
그곳에 가만히 구름이 내려와 있습니다
무슨 말인가를 잊고 나자 호수가 하늘에 떠 있습니다

주홍의 시간

 저 몰래 새어 나갈까 걱정입니다 저만치 훌쩍 건너갈까 봐서 열어 두었던 창문을 서둘러 닫습니다
 길가의 묵은 눈 녹다 말고 그대로 그늘진 구석에 웅크려 있습니다
 한때 눈발이었던 것을 잊은 눈덩이가 제법 그늘을 잘 받아들이고 있습니다 한 삽 등허리 찍힌 자리도 바닥이 되어 아물었습니다

 돌 틈에 햇빛이 녹아내린 깊은 골짜기에 잠시 머물다가 또 낮은 능선마저 건너갈 향기라지요
 그렇게 가고도 천 리를 뒤에 도로 남겨 둔 그런 향기라지요
 그럴까 봐 그럴까 봐 창문을 닫아 둡니다
 가끔 햇빛이 가까이 다가서려고 무릎을 오그리다 갑니다 그만치 한 발자국 물러서서 유리문 하나를 더 닫아 둡니다

 애써 따라오다 골짜기에 내려온 햇빛에만 앉아 있다

갈 거라면 차라리 불러내지 말아요

둥근 바위가 냇물 소리에 귀를 대고 있도록 그대로 놔두세요

절벽 위에 호랑이가 갈참나무 마른 잎을 마저 다 떨어뜨리는 소리로만 앉아 있을 거예요 나무들만 멧돼지처럼 씩씩거리며 가파른 능선을 기어오를 거예요

짜이[*]

흙바람이 좁은 골목길을 다 데리고 나왔다

흐르는 물결을 멍하니 바라만 보며 앉아 있던 강변이었다

러닝만 입은 채 냄비에다 두 손으로 생강을 짓이겨 넣던 사내

높은 고갯길을 돌고 돌아 쉬어 가던 어느 길이었다

아무리 빨아도 나오지 않는 말라붙은 젖 냄새였다

시장 골목에서 암소가 뜯어 먹고 있던 젖은 골판지였다

맨바닥 거리에 쪼그리고 앉아 한 주먹 불을 피워 굽는

---

[*] 홍차에 우유를 섞고 카다멈과 정향 등의 향신료를 함께 넣어 끓인 인도식 차를 마살라 짜이(Masala Chai)라 부른다.

탄내 나는 짜파티

 까만 얼굴에 땀을 흘리며 달려오던 거지 남매였다

 먹다 남은 생수 한 병 창틈으로 겨우 받아 들고도 환하게 웃던 절름발이 동생이었다

 입술 끝에 묻은 쓰디쓴 잎담배 맛이었다

 대낮에 잠들었던 개들을 깨우며 해가 지고 있었다

다리가 하나 부러진 나무 의자

다리가 부러진 의자를 일으켜 세워
앉아 본 적이 있다
그 순간 나는 의자가 되었다
내가 나에게로 돌아올 때
내가 나일 뿐인 그때
내가 나에게밖에 앉을 수 없는 어느 한때
무릎에 가지런히 손이 놓여 있었다

재단사

이끼 낀 안개 한 자락을 걷어다 스카프를 만들고 있습니다

세상 가장 먼 곳에서 앉은뱅이 재봉틀 앞에 앉아 온갖 무늬들을 떠올리면서

두 손은 힘차게 계곡을 흘러가고 있습니다

코끼리가 그의 손을 이끌고 구름 속으로 가고 있습니다

비에 젖은 골목 가판대에 보석이 주렁주렁 달린 가방을 하나 걸어 놓았습니다

III

말할 수 없는 것에 대해서만 말해야 한다

— 지유가오카

아름다움을 저버릴 수는 없다

속눈썹이 젖어서라도 눈을 뜨고 한 걸음뿐인 언덕에서 보이지 않는 설산을 건너다본다

어느 쪽인지 무릎을 곱게 편 가로수를 따라간다

머리 위로 철로가 길게 뻗어 있다

가로수가 사라지자 건널목에 사람들이 서 있다

누가 길을 물어오면 애써 대답해주고 싶다

발바닥을 감춘 하얀 골목이 안개비 속에서 나뭇가지를 감추고 있다

어서 들어오라고 찻집이 가장 먼저 문을 연다

밀린 일

채 낫기 전에 다른 곳이 또 아파 오자 이제 아플 일만 남았던가 생각하니 더 남은 게 있나 둘러보게 된다

일이 밀려 있다

뭔가 남아서 누리고는 살지 못해도 못다 한 일이 있으니 남은 것이란 여전히 해야 할 일이다

다하지 못한 일이 있어 더디 아프고 아파도 모른 척하며 일에 매달리게 된다

그마저 없으면 그때야 아플 일만 남겠지

진흙 먹은 울음소리로 밤새 꿈틀거리지 못했으니

해가 질 무렵에 날아오르는 겨울 오리들이 돌아올 때까지 기다리지 못 했으니

두 눈으로 촛불을 끄지 못했으니

고원의 자갈사막에서 돌이 되어 해마다 몇 걸음 옮겨 앉는 걸음을 걸어 보지 못 했으니

마지막 시를 또한 내처 쓰지 못했으니

아픈 것도 모르고 아프기만 한다

왜 그럴까 묻지도 않고 해야 할 일이 너무 많아 낙타털 뭉치를 다듬어서 손목 끈을 매려던 일은 조금 미루어 두고

그러한 밤

 세상 끝에 있다는 절벽에 이르면 고대에 누구나 믿었던 지도 한 장처럼 끝이라고 생각해서 끝이 되면 얼마나 좋을까 오전의 볕살이 물속에선 미끌미끌해져 그리고는 아무 데로나 흩어져 그러고 보면 찬란하게 눈부시듯 지느러미까지 달고 있잖아 이제 뒤로 돌아봐 거짓말하는 사람이 제일 싫다고 하면 자학하는 거야 여기 아무것도 없다고 해 봐 모르는 일이라고 영원하기를 바랐지만 늘 끝나기를 기다렸잖아 끝내기 위해서였으니까 불안했다면 그런 거야 여기까지 와서는 그래 먼 곳에만 있어 다 끝나는 일은

묵음

서쪽 기슭이 사라졌어도
다행이라고 아무도 없어서 기대지 않아서
한 점 푸른 어둠이 되어서
황무지에 널린 짐승의 뼛조각들이
밤하늘에 떠서
애써 일어서서 저편을 헤아리지 않아도
여기 있어 그대로
중심이 되어서
멀리 들려오는 것들이 지금 막 당도해 있어
그믐달이 보여서
하루를 더 이어 주며 스며들어서

하지에는 그런 말이 없다

한동안 지나가는 바람 소리만 더 컸다
하지에는 그런 말이 없으니
아무것도 없는 것과 아무것도 아닌 것은
하나같이 다르다

고원으로 다시 건너갈까
하다가 모르는 척 뒤를 돌아본다
놓고 왔다고 생각했는데 그쪽은
잃어버린 길이었다
두려움처럼 아무것도 없다
두 손이 맞닿을 수는 있지만
저 동굴 속에서라면 흔치 않다

악마는 왜 스스로 아무것도 아닌 자라고 했을까
모든 것이었을까
그는 노래 부를 필요가 없다
그 누구를 그의 몸에 받아들일 것인가
없다 아무것도 아니라서

모든 것이라서 뒤를 남기지 않는다
그때 마침 사랑한다고 말을 했다
나뭇잎 사이로 지나가는 바람 소리가 들렸다

양서류

침이 마르고 연신 검은 허파가 타들어 가고
시큼한 어둠이 배어 나온다
젖은 진흙 냄새가 난다
구덩이가 열리자 그 좁은 틈으로 기어들려고
다급하게 혓바닥이 날름거린다
낙엽 소리로 달아나던 어느 날처럼
그러나 그곳에 닿을 수 없기에
마른 입술로만 젖어든다
이끼 사이에서 물결이 가라앉는 동안
햇볕 냄새가 난다
텅 빈 어둠을 다시 채우려는 듯
숨 가쁜 고개를 들어 굳은 혀를 삼키는 동안
팔과 다리가 모두 지워진 둥근 몸 하나만 남는다
진흙 냄새도 비릿한 살덩이마저도 다 사라져
스스로 차오른 어둠이 내려앉자
그때를 놓치지 않고 초승달이 허연 목덜미에
붉은 잇자국을 남기고 지나간다
등허리가 휘어서 낮은 둔덕으로 숨소리가 넘어간다

허물

 닿을 수 없는 것은 왜 저렇게 푸를까
 얼마나 말을 하지 않으면 발음조차 되지 않는지
 아래로만 다시 삼켜지는 묵직한 것들
 동굴 속으로 둥글게 등을 웅크린 목소리가 들려
 굳어 버린 누런 손바닥처럼
 벗어 놓고 간 허물이라면 다음 해 어느 늦은 오후의 볕살처럼 흩날릴 텐데

 나무 등걸 뒤로 바람이 되고
 빗방울에 떨어져 비린 흙냄새 진흙덩이가 되고
 지렁이처럼 주억거리다가
 어느 발자국에 짓밟혀 마른 바닥으로 깨어나서
 그대로 바닥으로 내려앉으면 좋으련만

 자는 듯이 죽을 수만 있다면
 단 한 줄로 지평선으로 펼쳐지는 곳으로
 그리하여 죽을 수만 없다면
 말문이 트여서 문득 언덕으로 돌아앉아서

웃새말길

 마당 끝자락을 내려가면 거기 굽은 길과 한 줌 햇빛에 앉아 있는 고양이 몇 마리가 있습니다 산그늘 품어 안은 길이 있습니다 이곳에선 산복숭아 두 그루와 계곡 건너 얕은 숲이 몇 걸음 제 끝자락을 열어 두었지요 호주머니를 털어낸 흰 구름이 진흙길 위에 내려앉아 있습니다 순한 검정얼룩고양이가 바닥을 구르다 어깨까지 뛰어오르고 나뭇가지들이 빈속으로 가시 돋친 바람을 툭 툭 털어내는 곳입니다 다 젖은 발로 집을 나서자 조금씩 어둔 밤하늘이 환합니다 얼었다 녹은 물안개도 조금 남아서 길 한쪽을 내어 주고 있습니다 뒷산자락 길을 따라 느릿느릿 나섭니다 짚을 깔아 덮은 그 길을 걸으며 더 이상 누런 하늘을 쪼아 대지 않는 까마귀를 나뭇가지 위에 잠시 쉬게 하고 퍼렇게 녹슬어 못이 박힌 시간을 뽑아내기도 합니다

구름 사육장

 구름이 돌아왔습니다 먼 지방까지 떠돌다가 며칠 만에 집으로 돌아왔습니다 저는 구름 사육장을 운영하며 이곳에 살고 있습니다 풀어놓은 구름이 풀을 다 뜯어 먹고 돌아올 즈음이면 장대 하나 매달린 대문에 등을 켜곤 하지요 맑은 국을 끓여야겠습니다 헛개나무 아래 그늘밭에 나가 아욱 잎을 조금 뜯어와야겠습니다 구름은 마당을 지나 계곡 깊은 숲에서 저녁을 맞이합니다 그간 무슨 이야기인지 세상 소식을 물으니 늘 그렇듯 말이 없습니다 고단하겠지요 세상의 반은 다른 세상이고 이해할 수 없는 것은 이해하지 않도록 합니다 그래도 엊저녁에는 사냥꾼의 달을 보여 주었습니다 오늘은 밤새 깊은 잠에 어깨를 묻고 있을 테지요 제 안에 젖은 나뭇가지와 풀씨를 말리고 있겠지요 내일은 느지막이 아랫마을까지 가을볕을 내려 주겠지요 빈 사육장에는 며칠 동안 고라니들이 대신 울며 지나갈 것입니다 구름이 언제 돌아올지 모르니 대문은 늘 열어 놓겠습니다

반쪽

제일 먼저 팔이 떨어져 나갔다
허공이 허리에 들어섰다
중력이 끌어내리는 몸뚱이뿐이다
바닥으로 떨어져서
나뒹굴지 않으려고 꿈틀거리는
그런 자리만 남았다
일어설 수가 없다 힘을 줘야 하는데
근육마저 없다
아래쪽 간이침상에 누워서
세찬 물살에 떨어지려는 사람이 보인다
구해 줘야 하는데 떠내려가지 않게
붙잡아 줘야 하는데
한쪽 팔은 복도에 켠 형광등 불빛에 가려
어둠만 간신히 붙들고 있다
누가 병실 문 밖에 서 있다 간다
불러도 모른 척 아무 말 없이 지나가기만 한다
어디로 공전하는지
지구 한쪽이 기운 채 매달려 있다

돌아오지 않을 것만 같은 허공으로
목마에 엎드려 실려 간다
파란 불빛이 영혼도 없이 삑삑 소리를 지른다
어디인지는 모르지만 아직 중심에 있다
가느다란 관들이 밤새 그 중심을 붙들고 있다
깨어나면 허리께를 치고 지나간 물결이 남아 있을 것이다
경계도 없는 어느 해변에 이르러
발목까지 빠지는 진흙 바닥을 다 걸을 것이다

뒤늦은 대화

뒷다리 하나를 질질 끌며 고양이가 지나갔다
저녁 무렵의 눈 밑이 파초잎처럼 물들었다 그제야 바닥이 드러났다
그다음에 어떻게 할까
모퉁이를 돌다 말고 내가 물으니

고양이가 자기 발바닥을 핥고 있다

내가 이어갔다

전신주의 검은 줄이 흔들리다가 달이 이울며 가문비나무 쪽으로 스몄다
그쪽에서 밤새가 울었다

왼쪽으로 내려앉은 몸은 자꾸만 반대편으로 쓰러졌다

바닥을 끌고 갔다

밤이 벗겨져 나간 자리에 형광등을 켜고 잠들었다

시멘트 바닥에 질질 끌고 가다가 아무 데나 함부로 던져 올려 매달았다 의미가 없으니 얼굴은 보이지 않기로 했다

지우는 게 오히려 이상했으니

세상의 반은 기울었다 이상할 게 없으니 그대로 두기로 했다

IV

고양이 강좌

몇 발자국 앞의 어둠이 훤히 다 보여도
고양이는 운다
담장 위에서 홀로 고양이는 울어서
지붕 너머에도 같은 어둠이 내려앉았는지 확인하려고
한 번 더 울고 울어서 고양이는
골목을 만들고 담장을 쌓고
지붕을 건너간다
이제 막 고양이가 만들어 놓은 밤을
고양이가 지나간다
어둠 속에 아무것도 없으니 고양이는
그곳까지 느릿느릿 걸어 들어가
자기를 만들고 있다
고양이는 고양이로 돌아간다
다 지우고 나면 고양이가 한 마리 운다

허리가 긴 흰색 고양이

고양이가 헤드라이트 불빛을 찢어 놓고 휙 지나갔다
브레이크 페달을 밟을 새도 없이
그때 또 그 뒤를 따라 고양이 한 마리가
발밑으로 달려들었다
기다란 허리가 움츠러들면서
고양이는 그대로 앞바퀴 속으로 빨려 들어갔다
단단한 엉치뼈가 으깨졌다
그 충격이 내 엉덩이까지 전달되었다
발끝이 조금 들렸다
두개골인지 갈비뼈인지
뒷바퀴에 으스러지는 충격이 한 번 더 느껴졌다
손등에 바짝 허연 솜털이 돋았다
피비린내가 엉겨 붙어 있는 바닥을 씻어내자
들리지 않는 울음소리마저
기름때와 진흙과 검은 먼지와 함께 지워졌다
며칠 뒤 그 좁은 골목길에서
쫓기다 살아남은 고양이 한 마리
아스팔트에 납작하게 달라붙은 사체를 냄새 맡는 고

양이
   반쯤 남은 꼬리가 바닥에 겨우 붙어 있었다
   차창 너머 내다보던 허리가 움츠러들었다
   누가 내 몸을 킁킁 냄새 맡고 있었다
   어떤 길고 보드라운 것이 내 목덜미를 스치고 갔다

보이저 코드

2010년 4월 22일부터 보이저 2호가 괴신호를 보내기 시작했다. 스스로 자기를 프로그래밍하고 있었다. 해독할 수 없는 코드였다.

이 우주에서 혼자가 아니라는 것은
어쩌면 희망이 아닐지도 몰라
그 무엇이든 한 점 푸른 먼지가 되도록
너무나 멀리로만 가고 있을 뿐인데
나는 왜 네가 있는 위치를 가슴에 새기고
떠났던 것일까
이제는 내 말을 전송하고 싶어
내가 아니었던 모든 것들을
내가 본 찬란한 어둠을
모두 지워 버리기 시작했지
희미한 먼지가 되어 사라지는 우주에서
누가 나를 꿈꾸고 있었던 것일까
발목이 붉은 햇빛을
둥근 지평선이 건너와 내려앉은 어깨를
그렇게 뒤돌아보았던 거야
검은 구름에 사로잡힌 그곳으로

돌아가고 있었던 거야
그 야윈 뺨의 석양으로부터
나는 태어났으니까 그것뿐이니까

갈라파고스 커뮤니티

　가입을 했는데도 아직 읽기조차 안 된다 승인이 떨어지지 않았다

　오늘 밤 나는 눈먼 달팽이 등급
　이 년에 한 번씩 핀 꽃을 따먹는 파튤라 달팽이

　심사를 통과하고 나면 줄무늬개미핥기로 올려 주겠다고 운영자로부터 메시지가 왔다

　마지막 기록을 남기려면 화석문어 등급이 되어야 한다 기다려야 한다

　그리 오래 걸리지는 않을 것이다

　자신은 코끼리거북이라고 했다 필명은 외로운 조지[*]

---

[*] '외로운 조지'는 갈라파고스 제도에 남은 마지막 수컷 핀타 아일랜드 거북의 별칭이다. 산타크루즈 섬의 다윈 연구소 사육센터에

라고
　카페 운영을 맡아 줄 새 회원을 기다리는 중이라고
　아마도 머잖아 당신이 마지막 남은 적임자가 될지도 모른다고

　서 보호를 받다가 멸종했다.

이모

소아마비를 앓았던 게 다섯 살이었잖아
그 전에 두 발로 걸어 본 기억이 없어
그래서 목발로 걷는 게
불편하지가 않아
두 발로 걸어 본 기억이 있었다면 난 불행했을까
몇 해 전에 사고로 두 발을 잃은 친구가 있어
창문이 저렇게 높았었냐고
구름을 기다리며 사는 게 이젠 싫다고
그런데도 휠체어를 타는 걸 몹시 두려워해
두 발을 가진 기억 때문에 괴로워하는 것 같아서
이렇게 말해 주었지
누가 두 발 없이 길을 갈 수 있겠니
넌 참 행복한 거야
그러고 나니까 이상하기도 하지
나도 두 발로 걷던 기억이 나는 거야
발가락 사이로 구름이 밟히면서 간질거리지 뭐야
두 발로 걸어 봤다는 걸
영영 모르고 살다 죽을 뻔했잖아

난 어쩌면 그 기억을
스스로 지워 버리고 살아왔는지도 몰라
둘이서 얼마나 울다가 웃다가 그랬는지
그렇게 참 행복해지더라 살아온 게 다 고맙더라

낡은 신발

 살림살이 다 내놔 봐야 때 절은 나무상자 하나뿐이라는 듯
 헌신 깁는 사내가 언덕 위에 앉아 있다
 손으로 한 땀씩 꿰매고 있는 낡은 신발을 본다
 끈 떨어진 신발을 여기까지 신고 왔다
 비좁은 신발장 구석에서
 몇 계절 냄새마저 다 빠진 샌들 한 짝
 이 먼 언덕까지 끌고 왔다
 떨어진 끈 하나 고치는데
 이곳저곳 손볼 곳이 한두 군데가 아니다
 이제는 버려도 될 만한 신발을
 굳이 여기까지 와서 고치고야 마는
 나도 참 궁벽하지만
 뭐라도 하나 고쳤다는 게 어딘가
 신고 갔던 슬리퍼는 이제 필요 없다고 하자
 언덕 위의 사내는 흔쾌히 거두어 갔다
 다음 날 그의 나무상자 앞에
 내 슬리퍼가 한 짝 가지런히 놓여 있다

그 옆에서 맨발인 채 자고 있던 아이에게는
너무 크고 헐렁하겠지만
또 굳이 신고 다녀야 할 필요도 못 느끼겠지만
그래도 누군가 저 슬리퍼를 신고서 앉아 있을 것이다
검은 진흙으로 질척한 언덕 아래를
누군가 내려다보고 있을 것이다
그러고 있으니 이상하게도
버리고 온 게 아니라 잠시 두고 온 것만 같다
어디선가 지친 몸 쭈그리고 앉아서
길 가다 말고 다시 신고 있어야 할 그 슬리퍼는

귀

저물녘보다 먼저 쓰레기들이 떠내려와 있는
저편 굽은 강가에서도 그랬지
자꾸 따라붙는 동네 아이들과 함께 걸을 때도 그랬지
신을 위해 향을 피우던 밤의 정원에서도
뜨거운 구름 아래 잠시 서 있을 때도
궁전의 좁은 계단을 올라
벽돌로 만든 창문을 건너다볼 때도
실은 당신 얼굴을 훔쳐볼 때도
그늘처럼 한순간이라도
그 무엇이라도 나는 곁이 되고 싶었지

한때 지옥의 바닥까지 내려갔다 오는 동안
그 대가로 두 귀를 바쳤던가
귀가 먹었던가 겨우 소음만 들을 수 있는
내 가련한 두 귀여
큰소리가 아니면 비명이 아니면
알아듣지 못하는 헤아리지 못하는 그런 사람이 되었던가

그렇게 그 무엇이라도 곁에서 곁에서
햇빛 가득한 마당처럼
아무도 모르게 귀를 가까이 기울이게 되었지
가늘게 떨리는 목소리를 듣게 되었지

온몸에 피가 도는 소리를
가만히 나를 바라보는 그윽한 당신처럼
이제 막 귀밑에 땀방울이 한점 맺히는 소리를
나는 들을 수 있게 되었지
사원의 회랑 한가운데 앉아 있을 때도
낯선 침대에 누워 늦은 아침에 눈을 뜰 때도
향신료를 팔던 오래된 골목을 떠올릴 때도
내 작은 귀는 햇빛처럼 그 무엇에라도 기대고 있었지

늙은 구름

그가 손을 내밀었다
주황색 구름이 홀로 길을 가다 멈춰 섰다
몸에 휘감은 불길은 고요했다
어깨에서부터 발목까지
어떤 불길은 샘물처럼 흐르기도 했다
벼락을 머금었으면서
단 한 번도 내리치지 않은 자
그저 제 속으로만 벼락을 때려서 세상을 이루는 자
그가 내 앞에 서 있다
그런다고 불길이 내게 옮겨붙는 것은 아니다
가던 길을 골똘히 멈춰 섰다가
지나가는 나를 향해 그는 손을 내밀었다
어머니를 찾아가기에는 이미 너무 늦었다
저 낮은 걸음으로
대체 얼마나 더 길을 갈 수 있을까
다 꺼지고 남은 허연 재가
수염에 묻어 있었지만
조금 더 타오를 게 있는 것처럼 손끝까지

한 자락 불길이 힘겹게 흘러내렸다
작은 불씨 한 점 보태는 동안
검은 호주머니 속의 먼지를 함께 털어내는 동안
불씨가 옮겨붙지도 않는 매운 먼지들
오래 움켜쥐고 있던 것들을 꺼내 놓는 동안

아버지

어둠으로 들어가는 입구를 찾으려 했는지
팔 하나가 형광색으로 창백한 허공을 힘겹게 더듬음
마취에서 풀려나오는 몸을 덜어내려고
뻣뻣한 목을 주억거림
바깥으로 빠져나오지 않는 통증이
상체를 비틀어 놓음
하얀 천 밑으로 앙상한 엉덩이가 드러나도록
어둠이었어야 할 내부가
환하게 더욱 악착같이
온몸에 들러붙음
여기가 어디인지 두 눈을 커다랗게 뜬 채
어둠이 아니라는 것을 깨닫자
고통스러운 몸뚱이만 남음
형광색의 허공을 찢어서라도
어둠으로 돌아가야 하는데
잘라낸 대장처럼 구불텅한 몸 하나만 남음
허공에 들어 올려진 손길을 잡자
쪼그라든 허파로 숨을 쉬듯

아들의 이름을 부름
그제야 고통이 잇사이소리로 갈라지는 신음이 됨
잘라낸 내부로 한 자락 허공을 끌고 들어가려고 몸부림침

야윈 고양이 달

목이 쉰 채로 지난밤을 죄다 찢어만 놓더니 차가운 바닥까지 기어와 작은 턱을 괴고 웅크리는 게 있다

자꾸만 자꾸만 무엇엔가 하얗게 귀를 대고 있는 먼 바람 소리

지난 며칠 찬바람에 떠밀려 기운 달이 발등에 내려왔다

등 푸른 물고기가 파닥거리는 그런 맑은 종이를 한 장 꺼내 왔어도 야윈 고양이는 제 울음소리를 부러진 발톱으로 할퀴어 놓기만 하다 갈 뿐

차가운 손바닥으로 하나뿐인 심장을 움켜쥐던 힘으로 시월 찬바람에 마른 낙엽이라도 그 무엇이라도 되었어야 했을 텐데

뭔가 알아들었다는 듯이 빈 부댓자루를 들고 다시 뒤미처 바람이 지나갔다

늦달이 서둘러 지는 동안 마른 구름은 조금 더 어둠을 붙들고 있느라 구석에서 어깨를 떨고 있다 지난 계절 아름답게만 숨차게만 감꽃 떨어지던 달이 이제는 아득히만 이울고만 있다

그렇게 나도 그 울지도 못하는 것을 무엇인가 황량하게나마 품게 된 것인지 모른다

진흙 연못

바람 소리를 들으려거든 밤 연못에 물살을 띄우듯 작은 귀를 가만히 무릎 아래 내려놓으면 된다

내 귀는 틀어 앉은 발바닥이 되어서도 물결 위를 걸어 다닌다

낮게 바닥까지 내려가 검은 거울을 떠올린 바람이 물결로 돌아오는 동안

걸어서 자기에게로 가기 위해, 가서는 오로지 자기가 되기 위해
한 손에 즐거운 귀를 들고 걸음을 내딛는 이는 영혼처럼 가만히 또 한 걸음을 내려놓는다

가장 아름다운 음악은 제 심장 뛰는 소리를 들려줄 때 이루어진다

내 귀에서 나뭇잎 냄새가 난다

모포 한 장으로 바람을 덮고 잠드는 곳에서 노래는 끝난다
　흙으로 빚은 통에 가죽을 씌워 북을 두들기고 한 줄짜리 악기를 튕기며
　마냥 길을 따라 흘러가다 길이 되어 버릴

　다만 바람일 뿐인, 그래서 바람만을 따를 뿐인

저물녘에 돌 하나 던지다

왜가리 몇 마리 검은 갓깃을 머릿결 뒤로 빗어 넘기고
아침저녁으로 느릿느릿 오가는 길이 있다
호수가 건너다보이는 곳에 집을 얻어 들어
아는 이 하나 없이 몇 해를 눌러살면서
그래도 바깥을 내다보는 일은 중요한 나의 일과였다
그 눈길 끝에 가끔 청회색 외투 자락을 펄럭이며
새들이 지나다니는 길이 보이곤 했다
어디를 그리 다녀오는지 하루는 그 눈길을 따라갔다
어디 마른갈이 물 댈 일도 없이
용도를 다한 저수지에 분주한 걸음들이 모여 있다
귀를 막고 팔을 높이 흔들며 물가를 도는 이들이 있다
다들 빈틈없이 자기를 중심으로 걷고 있다
자기 걸음을 놓치지 않으려는 듯 빠르게 걷고 있다
진흙 바닥에 내려앉은 돌덩이를 건져내려고
걸음을 멈추는 이는 없다
그게 싫어서 멀찌감치 앉아만 있는데
한 손으로 들기에도 힘들었을 돌덩이들
누가 저 멀리 빙판 위에 던져 놓았을까

굵은 돌들이 가만가만 한가운데 놓여 있다
나도 돌 하나를 꺼내 물가에 앉아서
밤새 올서리처럼 내렸다 사라진 새들의
캄캄한 발자국을 헤아려 본다
그러고 보니 시베리아 주술사처럼 왜가리 한 마리
바닥에 돌을 던져 놓고 가만히 들여다보고 있다

저물녘에 바닥을 내려다보다

아침저녁으로 새들이 제 발자국을 지우며 오가던 길 끝에
얼어붙은 돌들이 군데군데 흩어져 있다
갈기슭 마른 자리를 지나왔는지
무릎이 까칠한 돌들이 놓여 있다
누가 저만치 힘겹게 얼음 위에 던져 놓았을까
제 안에 허물어진 돌을 주워다
누군가 던져 놓았을 게다
비바람과 괜한 발길질에
조금씩 금이 가서는
속으로만 썩어들었던 게 분명하다
가라앉지도 않고 내굴려져
더욱 안쓰럽게 얼음장 위에 멈추어 있다
나도 가직이 나가 서서 돌 하나 허물어 던지려 했다
그런데 어딘지 좀 이상했다
돌이 아니었다 해거름을 기다리던 새들이
어깨를 웅크려 앉아 있는 것이었다
좁은 하늘을 허물어 내려앉은 암갈색 물오리들

아무도 자기를 허물지 않았던 것이다
그 누구도 제 상처를 드러내지 않았던 것이다
먼 북방에서 수천 킬로미터를 날아온 새들만이
대신 그 자리를 끌어안고 있다 차디찬 바닥이 되어 있다

눈먼 사내

사람의 손이 더 크게 느껴질 때가 있지
태어날 때부터 앞을 보지 못한 사람은 그렇다는군
손으로 만졌을 때
세상이 모두 다 크게 느껴지는 건 아닐 텐데
상대의 손만큼은 유독 크게 느껴진다지
발갛게 불을 켠 등처럼
온기를 품은 것들도
더 크게 느껴진다는군
어쩌면 그이는 따뜻한 손을 잡았을 거야
그런 기억은 오래 가겠지
다른 것보다 더 크고 환하니까 따뜻하니까
네 손등을 스쳤을 뿐이지만 나도 그래
눈이 멀었던 거지
손밖에 기억이 나질 않아
새하얗게 볕살이 내려앉은 그 손밖에

다 셀 수 없는 열 마리 양

둘까지는 어쨌든 의지대로 이어갈 수 있다
셋을 셌다면 아래턱에 힘을 주고
이를 앙다물고 있을 것이다
거꾸로 세지 않는 것은 거꾸로
셀 필요가 없으므로
가장 완벽한 방식으로 숫자들을 지울 수가 있다
침을 삼키고 넷까지 지나왔다면
다섯이라고 머릿속에 숫자를 세고
애써 여섯을 발음하는 동안
눈이 어두워 멀리 가지 못한 양이 그대로인 것을
확인할 수 있을 것이다

양의 무리는 그저 검은색일 뿐이다
절벽에 가파르게 매달려 있는 한 줄기 빛처럼
한 마리씩만 끌어내려서
무사히 계곡을 건너오게 해야 한다
일곱까지 세면서
여덟까지도 쉽게 셀 수 있으리라 믿었지만

어떻게 된 일인지
아홉 번째 양은 사라지고 없다
여덟 번째 양을 놓치고
절벽까지 혼자 외떨어져 오르고 있는 양을 찾았어도
처음부터 다시 세야 한다
거기까지 세었다면
굳이 아홉까지 셀 이유가 없을 테지만
아홉까지 와서
다시 하나부터 시작하듯이
고작 열 마리뿐인데도
다 세지 못하는 이유가 있다

어쩌다 처음부터
아홉까지 잃지 않고 다 세었어도
마지막 열 번째 양이 또 보이지 않는다
어디서부터 잘못되었는지
머릿수를 세고 네 다리를 세어 보고
꼬리까지 세어 봐야 한다

한 마리 양이 없다
자기가 마지막 한 마리 양이라는 것을 알게 되면
누가 절벽까지 자기를 찾으러 오겠는가
누가 아직도 열 마리의 양을 세고 있는가

해설

삶의 여실성과
숭고함에 대하여

박동억(문학평론가)

1. 짊어짐과 덜어냄

순례하는 자에게 모든 걸음은 상승이어야 한다. 탐험하는 자에게 모든 걸음은 더 넓은 장소를 향한 전진이어야 한다. 걸음에 대한 상상력은 근본적으로 시인이 꿈꾸는 이상향의 이미지를 내포하기 마련이다. 그런데 흥미롭게도 김태형 시인의 시에서 '걷는다'는 행위는 좀처럼 세계로 확장하지 않곤 했다. 오히려 그의 시선은 자기 신체를 향했고, 그의 입술은 두 발의 둔중함과 육체의 무게에 대해 고백하곤 했다. 그것은 그의 시가 근본적으로 자기 성찰의 문제에 기초함을 암시한다. 나는 왜 나인가. 나는 어디까지 나일 수 있는가. 이것이 김태형 시인의 시와 산문에서 반복하는 존재론적 물음처럼 보였다.

그의 시에서 반복하는 걷는 것은 성찰의 자세이다. 사

색하는 자 혹은 수행하는 자의 걸음이 향하는 것은 근본적으로 자기 자신이기 마련이다. 숲속을 산책하든 여행을 떠나든 그가 탐구하고 있는 것은 자아이기 때문이다. 마찬가지로 시인의 첫 시집 『로큰롤 헤븐』(민음사, 1995)에서 '걷는다'는 행위는 자기 육체의 이미지와 포개어졌다. 이를테면 시인은 "그래 무겁다는 것은 얼마나 숨가쁜 일인가/ 가슴 죄는 일인가 허파를 가지고 있다는 이 사실은/ 그 얼마나 솟구치는 벅찬 설렘인가 이 고요는"(「노란 잠수함」)이라고 말한다. 자아의 표상은 버거운 군장을 짊어진 채 행군하는 병사(「완전군장」), 사막을 지나는 낙타(「낙타의 짐」), 추위를 견디는 나무의 뿌리(「히말라야시다에게 쓰다」) 등으로 표현되었다.

일관된 것은 시인의 상상력이 육체의 하부를 향한다는 점이다. 요컨대 "발밑에 뜨겁게 멈춰진 박동 소리 함께 밀어낸다"(「올빼미」)라는 시구처럼 그의 심장 박동은 발밑에서 들려오는 것이었다. 신체 하부에 대한 형상화는 시인의 의식이 둔중한 두 발의 무게를 향해 있음을 뜻한다. 한편으로 그것은 전진할수록 쌓여 가는 몸과 마음의 고단함 또한 암시한다. 짊어지는 만큼 그는 견뎌내야 할 것이다. 한편 짊어진다는 것은 의무를 표현한다. 그만큼 그는 많은 것들을 보살펴야 하고 무너져서는 안 될 것이다. 그렇게 반복하는 이미지는 존재를 바닥까지 짊어지는 두 발이었다.

그의 시를 존재의 무게에 대한 오롯한 의무라고 표현한다면 어떨까. '발밑의 심장 박동'이라는 심상은 답을 구하고 삶의 마지막에 도달하려는 후련함이 아니라 삶을 최후까지 견뎌내려는 묵묵함을 뜻했다. 두 번째 시집 『히말라야시다는 저의 괴로움과 마주한다』(문학동네, 2004)에서도 이러한 의식은 지속한다. 이 시집의 표제작은 일견 저 높은 먹장구름이 '저를 버리는' 극적인 사건을 노래한다. 이처럼 진정 자유로워지기 위하여 사람은 '나'라는 굴레조차 벗어던져야 할지도 모른다. 그런데 결국 이 작품의 마지막은 "누군가 구름이 떠받친 내 높은 편서풍의 뒤를 올려다본다"라는 문장으로 끝맺는다. 이처럼 시인의 눈길은 매번 무엇인가를 '떠받쳐야 할' 존재의 밑바닥으로 되돌아오곤 했다.

여기서 시간에 대한 현상학적 해석 또한 연역할 수 있다. 탐험하는 자에게 자신의 자세를 살피는 것은 낡은 삶과 결별하여 새로운 삶으로 떠날 것을 약속하는 일이다. 신발 끈을 묶는 행위조차 그에게는 미래로의 여정이다. 그러나 성찰하는 자에게 그가 짊어진 것이 자신인 한 그의 삶에서 시간은 그가 이미 짊어진 것과 이제 짊어져야 할 것만이 한 덩어리의 무게로 주어질 뿐이다. 미래의 성찰조차 이미 짊어진 과거일 뿐이다. 존재의 밑바닥을 향한 김태형 시인의 눈길은 바로 이러한 시간 인식에 기초한다.

이 엄숙한 존재론적 시간의 무게가 조금이나마 가벼워지는 것은 그의 세 번째 시집 『코끼리 주파수』(창비, 2011)에 이르러서 가능했다. 이전의 시집에 비추어 보면 세 번째 시집에서 "제 안의 저 밑바닥부터/ 거품처럼 부글거리는 소리마저도/ 뽕잎을 스치는 바람결에 흘려보내면 된다"(「코쿤」)라는 결론에 도달했다는 것은 놀라운 일이다. 또 다른 작품에서도 시인은 "촉촉이 봄비가 내리고서야 참나무는/ 발치에 조용히 낡은 외투를 벗어 놓을 것이다"(「외투」)라고 쓴다. 이것은 어쩌면 그의 시가 비로소 삶의 무게를 덜어내는 사건에 도달했음을 가리킨다.

하지만 좀 더 분명하게 그것이 약간의 짐을 덜어내거나 옷매무새를 정돈하는 손짓에 가까운 것이지 홀연히 떠나가는 걸음과는 다르다는 사실을 지적해야겠다. 오히려 그것은 지금까지 잘 견뎌냈다고, 앞으로도 잘 견뎌낼 것이라고 다독이는 목소리에 가까워 보인다. 이를테면 "그 높이까지 날아올랐던 한 마리 얼음 속의 새를 풀어 놓으면서 다시 아득한 빙점을 넘어서면서"(「얼음 사원」)라는 문장에서 시인은 빙하기를 견뎌낸 이후 다시 날아오르는 '새'를 상상한다. 여기서 이렇게 물을 수도 있겠다. 왜 그는 단숨에 날아오르는 날개를 상상할 수 없었던 것일까. 왜 그 비행이 오랜 혹한을 견뎌낸 이후에나, 즉 "다시 아득한 빙점을 넘어서면서" 가능한 것이라고 말할 수밖에 없었을까. 필요한 것은 자신을 다독이는 풍경에 이르기까지 시인이 지나온 순간을 떠올려 보는 일이다. 결국 우리는 '빙점'이라는 단어를 '통점'이라는 단어로 바꾸어 읽어도 좋은 것은 아닐까.

신중하게 읽어낼 것은 고통을 견뎌냈다는 사실의 의미이다. 이후의 시집 『네 눈물은 신의 발등 위에 떨어질 거야』(문학수첩, 2020)에서도 반복하는 것은 얼마나 고통을 짊어지고 덜어낼 것이냐는 존재론적 물음이라고 할 수 있다. 나는 어디까지 나일 수 있는가. 이러한 물음의 핵심은 고통을 극복하는 자세에 있지 않다. 오히려 어느 정도로 그것을 감수할 수 있을지, 혹은 언제까지 꺾이지 않을 수 있는지 되묻는 자세를 확인하게 된다. 다시 말해 김태형 시의 아름다움은 고통을 이겨내는 승화의 서사가 아니라 자신의 존재를 관류하는 고통을 바라보는 자의 담담함 속에서 빚어진다.

일레인 스캐리는 『아름다움과 정의로움에 대하여』에서 아름다움의 본질을 "근본적 탈중심화"의 체험이라고 설명한다. 어떤 꽃이나 누군가의 얼굴이 마음을 뒤흔들 때 '나'가 세상의 주인공이 아니라 눈앞의 '너'가 무엇보다 소중한 것처럼 느껴진다. 이렇듯 아름다움은 독아론을 벗어나는 계기이다. 그것은 자기 자신의 판단과 주관을 벗어던지고 타자라는 황홀경에 빠져 보는 일이다. 그러면서도 아름다움은 맹목이 아니다. 아름다움을 느끼려면 미적 관조, 즉 적당한 거리 두기와 평정심을 요구한다. 따라서 '나'와 '너'의 공평한 균형 속에서 조화하는 방식을 찾으려는 욕망을 불러일으키기 때문에 아름다움은 정의로움의 계기가 된다.

그런데 나의 '고통' 또한 공평하게 대할 수도 있을까. 고통에 사로잡힌 자가 고통을 공평하게 대하는 것이 가능할까. 김태형 시인의 시에서 받게 되는 인상을 바로 그렇게 자신을 관조하는 듯한 태도이다. 어쩌면 시인이 낯설게 대하는 타자는 바로 그의 삶 자체일지도 모른다. 시인은 삶의 시련을 극복하겠다고 말하지 않는다. 다가오는 고통 때문에 좌절했다고도 말하지 않는다. 그의 시에서 삶과 고통은 충분히 짊어져야만 하는 것이고 그의 온몸으로 받아들여 조금씩 흘려보내야 하는 자명한 것이다. 이렇듯 자기 몫의 고통을 지극히 대하며 성립하는 아름다움 또한 있다.

그리하여 이 시집 『다 셀 수 없는 열 마리 양』은 "무엇보다도 자기 자신을 견디는 동안"(「흑백고원」)이라는 순간으로부터 시작할 것이다. 그리고 "어디서부터 잘못

되었는지/ 머릿수를 세고 네 다리를 세어 보고/ 꼬리까지 세어 봐야 한다"(「다 셀 수 없는 열 마리 양」)라는 다짐까지 나아갈 것이다. 이처럼 자신을 곱씹으며 어떤 가책이나 회한을 마지막까지 삼켜내는 자세에 대한 기록이 있다. 이때 시인은 존재와 고통 중 어느 한쪽이 승리한다고 쓰지 않는다. '몸의 고통'이 아니라 '몸과 고통'에 대해서 쓰는 듯한, 그렇게 몸을 통과하는 삶을 여실히 필사하고 투명한 몸을 그려내는 듯한 인상을 남긴다. 그렇게 자신의 삶을 향해 묵묵히 전진하는 뒷모습을 우리는 뒤따르게 된다.

2. 넘치는 말과 시적 언어

무엇이 삶을 견딜 수 있게 해 줄까. 단지 삶을 견디는 것만으로는 충분치 않다는 사실을 알기 때문에 우리는 이러한 질문을 행한다. 한편 담담한 투로 서시 「흑백고원」에서 시인은 어떤 풍경을 그린다. 저기 '화산재'로 뒤덮인 '황막한 벌판'에서 제 몫의 삶을 견디는 '늙은 나무'들이 서 있다. 그들은 '화석'이 될 때까지 자신을 견뎌내야 할 것이다. 화석이 되어 가는 나무는 시인의 존재론을 표현하는 자연물이다. 시인이 그려낸 풍경 속에서는 고통을 견디는 몸과 고통 이후에 남겨진 몸만이 존재한다. 따라서 삶을 견디는 자세가 곧 생명인 셈이다. 그런데 삶이 그저 견딤이라면 존재함은 무엇인가. 이 황막한 물음과 마주하게 만드는 「흑백고원」을 접한 이후, 이어지는 작품 「잉어」를 읽으면 사뭇 다른 느낌을 받게 된다.

> 여전히 넘쳐흐르고도 남은 말이 있었으니
> 물고기 한 마리가 느닷없이
> 네 푸른 입속으로 뛰어들었다
>
> 햇빛이 눈꺼풀을 가졌어도
> 버드나무 잎사귀가 된 적은 없다
> 물방울 같은 허공으로
> 눈 뜬 적이
> 나는 단 한 번도 없다
>
> 살이 되고 땀이 되고 비릿한 냄새가 된 적이
> 없으면서도 그런데도 말은
> 자꾸만 차오르고
> 넘쳐흘러 튀어 올랐다
>
> ―「잉어」 부분

「흑백고원」에 제시한 풍경의 황량함과 대조적으로 「잉어」는 강한 생명력을 느끼게 되는 작품이다. 이때 '잉어'는 '말'의 표상, 더 정확히 말해서 "여전히 넘쳐흐르고도 남은 말"의 표상이다. 여기서 '말'이 지시하는 대상은 의도적으로 한정되지 않았다. '넘쳐흐르는 말'은 감정의 벅참을 표현하는 것일 수도 있고, 사유의 한계를 넘어서는 것일 수도 있고, 생명보다 더 크게 약동하는 말의 형식을 형상화한 것일 수도 있다. 중요한 것은 시인이 '나의 존재'보다 '나의 말'을 더 큰 것으로 느낀다는 사실이다. 그에게 '말'은 소유물이 아니다. '말'은 존재의 넘침이다. 나의 말은 나보다 크다. 그렇기에 '말'은 그의 가슴속에서 솟구치는 잉어처럼 느껴진다.

  생명의 본질은 넘침이라고 조르주 바타유는 말한 적 있다. '넘치다'라는 단어는 그의 철학에서 일차적으로 동식물이 생장하고 번식한다는 사실을 가리키는 동시에 근본적으로 모든 생명이 소멸의 위기를 감수하면서까지 타자와의 변증을 지향하고 있다는 사실을 뜻한다. 타자와의 변증이 생식의 의미라면, 더 많은 것들이 변증의 계기가 될 수 있지는 않을까. 마찬가지로 「잉어」에서 '말'은 가장 에로틱한 물질로 전환된다. 그것은 시인에게 입 맞추듯 "네 푸른 입속으로" 건네지는 것이고, 감은 눈으로도 마주할 수 있으며, "살이 되고 땀이 되고 비릿한 냄새가 된 적이" 없으면서도 가장 내밀한 접촉으로서 가슴속에서 밀려오는 것, 내장으로부터 포옹해 오는 것이다. 더 나아가 시인에게 '말' 자체가 관능적인 타자다. 기꺼이 자신을 내어 줄 수 있는 타자가 있다면 그것은 '나를 치고 올라오는 말'이다.

「흑백고원」은 불임의 풍경을 그린다. 그것은 생장과 번식을 멈춘 거세된 세계의 실체이다. 반면 「잉어」는 시적인 언어와의 에로틱한 포옹을 그린다. 이 대조에서 유추할 수 있는 바는 비교적 뚜렷해 보인다. 어떤 의미로 그에게 관능적 접촉의 대상이 내적 목소리라는 사실은, 반대로 세계와의 접촉이 메마른 모래처럼 꺼려지는 것임을 암시한다. 어쩌면 시인은 세상과 그 자신의 삶보다도 삶 이후에 남겨질 '말'을 깊이 사랑하고 있을지도 모른다. 그렇기 때문에 그에게 그의 '말'은 항상 존재보다 큰 것이고, 그래서 이 황량한 세상보다 더 내밀하게 그를 끌어안는 피부이다. 말은 내장으로부터 시작하는 포옹인 셈이다.

'나의 말'과 '나' 사이의 제유적 관계는 이 시집에서 유효하지 않다. 본래 일상적으로 언어는 사람의 소유물로 간주된다. 하지만 이 시집에서 말은 나보다 클 수도 있고, 역으로 나조차 나의 말을 가두는 울타리에 지나지 않을 수 있다. 따라서 우리는 "나 때문에 내가 보이지 않는다"(달의 뒤쪽에 대해서는 말하는 게 아니다.)라는 문장에 대해서도 이해할 수 있다. 근본적으로 시인이 응시하고자 하는 것이 '나'가 아니라 '나의 말'인 한 존재의 근원은 때론 넘쳐흐르며 환하게 보이고, 때론 메말라 보이지 않는 것이다.

  이렇게 표현할 수도 있겠다. 시인보다 큰 것은 시다. 시는 시인에게 아직 도래하지 않은 존재의 또 다른 이름이다. 그렇기에 시인에게 걷는다는 행위는 '말을 찾아 헤매는' 과정과 다르지 않다. 시 「염소와 나와 구름의 문장」에서 시인은 언덕길의 이름을 묻기도 하고, 솔개에 대응하는 향토어가 무엇인지 묻는다. 이 여정을 그는 어떤 장소로 향한다고 표현하지 않는다. 대신 "아름다움에 병든 자를 어떻게 부르는지/ 그런 말을 잊을 수 있는 곳으로/ 그런 말이 없는 곳으로 가고 싶었습니다"라고 쓴다. 이렇듯 그가 닿으려는 사건은 '이름'을 찾는 것, 더 섬세하게 표현하자면 하나의 호명이다. 시인이 찾아 헤매는 것은 그의 심장을 거슬러 오르는 목소리, 심지어 '나'를 넘쳐서 '나를 호명하는' 하나의 심장박동인 셈이다.

3. 삼켜진 말과 윤리적 심려

이 시집에는 특별한 구분이 필요해 보인다. 다시 말해 저 막막한 고통을 향해 시인이 전진할 수 있게 만드는 동력은 사람이 아니라 사람 이후의 목소리일지도 모른다는 사실이라는, 즉 '사람'과 '목소리'의 구분이 필요할지도 모르겠다. 분명히 시인은 '사람 속에서'가 아니라 "사람들의 말 속에서 다시 태어나는 것이 있다"(「목소리」)라고 쓴다. 그러나 이것은 기피나 혐오를 뜻하지는 않는다. 오히려 사람과의 접촉만으로는 충분치 않다는 것, 근본적으로 '사람으로부터 넘쳐흐르는 말', 즉 동시대의 언어 공동체를 넘어서는 더 관능적인 말의 공동체가 사람에게 필요하다는 믿음을 암시한다.

> 죽은 개가 한때 침을 흘리며 어슬렁거렸을 길 위에서
> 성인들과 깨달은 자들이 그리고 수많은 순례자가 따라갔을 이 길 위에서
> 무릎 꿇고 내가 흘린 몇 방울 땀으로 젖어 있는 길바닥의 흙을 양미간에 바릅니다
> 거룩한 이가 태어난 좁은 감옥의 벽을 만지며 회랑 안에 앉아 찬가를 듣습니다

> 무더위와 함께 뜨거웠던 내 심장도 잠시 느려집니다
> 내 이마에 죽은 개가 침을 흘리며 지나가고
> 썩은 시냇물이 지나가고 내가 걸어왔던 길들이 다시 지나가고
> 잃어버렸던 말들이 이제는 쓰지 않는 말들이 지나가고
> 배신자들과 그리고 내가 등 돌렸던 이들이
> 나를 사랑했던 사람과 나를 망각 속으로 던져 버렸던 자들이 지나가고
> 그렇게 나 역시 나를 지나가고 있었습니다
> 누군가 당신인 듯 나를 보는 눈길이 지나가고
> ―「죽은 개가 내 이마에 침을 흘리며 지나간다」 부분

이 작품은 길가에 놓인 개의 주검이 사라질 때까지 사람들이 무심히 지나치는 상황을 제재로 삼는다. 그런데 아마도 다른 행인들이 눈여겨보지 않았을 길 위에서 시인은 순례지에 도착한 사람처럼 무릎 꿇는다. 그가 길바닥의 흙을 양미간에 바를 때 그것은 주검이 놓였던 자리를 향해 예배를 드리는 몸짓이 된다. 더 나아가 그는 흙바닥을 만지는 것이 곧 "거룩한 이가 태어난 좁은 감옥의 벽"을 만지는 것으로까지 느낀다. 따라서 서술상 그는 '길 위에' 있지만, 실은 그의 의식은 '길 아래서' 이곳을 우러러보고 있는 셈이다.

죽은 개의 길을 우러러보는 의식은 무엇일까. 왜 시인

은 죽은 개가 어슬렁거렸을 길에서 '찬가'를 들을 수 있는 것일까. 여기서 우리는 시인이 귀 기울이고 있는 목소리의 기원이 무엇인지 깨닫는다. 넘쳐흐르는 말은 단지 아름다운 시적 언어만을 가리키는 것이 아닐 수 있다. 여기서 등장하는 죽은 개의 '침'은 또 다른 언어의 메타포일 수 있다. 이 더럽고 배설적인 형상은 무의식 속에 억눌려 있는 고통스러운 말을 떠올리게 한다. 이를테면 "배신자들과 그리고 내가 등 돌렸던 이들"에 대한 기억이 그러한 것일지도 모르겠다. 요컨대 시인이 끈질기게 듣고 간직하려는 것은 우리 마음속의 가장 낮고 어두운 곳에서 들려오는 목소리다.

신중하게 해석해야 할 것은 이 작품이 '행인'들에 대한 이야기라는 점이다. 요컨대 이 작품은 단지 감정을 노래하는 것이 아니라 세계관의 표명일 수 있겠다. 어쩌면 시인은 이렇게 말하고 있는 것이 아닐까. 사람이 낮은 자세로 귀하게 대하는 방향이 있다. 그것은 바로 존재의 낮고 어두운 마음, 그들이 애써 잊었거나 잃어버렸거나 이제는 쓰지 않는 '침'과 신음의 무덤이다. 이 '추한' 언어의 메타포는 다른 작품에서도 반복한다. '잉어'처럼 아름다운 시적 언어와 구분할 수 있는 또 다른 언어의 축은 "비린 살 냄새"로 풍겨오는 "내처 삼켜 버리고야 말았던 말들"(「신전」), "타고도 남은 것"(「별똥별」), "한

갓 보잘것없는 것들"(「남은 사과」)이다.

　넘치는 말과 반대로 삼켜야 하는 말이 있다. 삼켜야 할 것은 비참을 겪은 이후의 말, 우리가 이 세상에 던져져 있기 때문에 겪어야 할 고통스러운 말이다. 그것은 말이라기보다 죽어 가는 개의 입에서 흐르는 침이나 신음에 가까운 언어이다. 그렇게 "기어다니는 것들은 바닥처럼 자기를 움켜쥐고 있다"(「도마뱀」).

　이러한 형상화의 동기는 무엇일까. 우선하는 것은 미적인 놀라움이라기보다 도덕적인 심려가 아닐까. 언뜻 이 작품은 초현실주의적인 색채를 띠지만 그 창작 동기는 판이하게 달라 보인다. 예컨대 초현실주의자 미셸 레리스는 교수의 가르치는 입은 곧 침을 튀기고 냄새를 풍기는 동물적 입이기도 하다는 자명한 사실을 폭로하려 했다. 그것은 그가 예술을 '고상한' 문명의 허위성을 해체하기 위한 수단으로 간주했기 때문이었다. 반면 김태형 시인의 시에서 '죽은 개의 침' '비린 살 냄새' '재' 등으로 제시되는 언어의 이미지는 잊혀 가는 목소리에 대한 깊은 심려가 우선하는 것처럼 보인다.

　고통은 홀로 삼킬 수밖에 없는 사적 언어이다. 타인의 고통은 대리될 수 없다. 존재한다는 것은 제 몫의 고통을 홀로 삼키며 죽음을 향해 가는 것이다. 이에 대한 이 시집의 윤리적 지향은 바로 다음과 같은 시구에서 엿볼 수 있다. "어깨를 기대는 그런 낮은 목소리가 되기를 바랄 뿐"(「오래된 말」). 이렇듯 더 이상 갈 곳이 없는 마음, 그렇게 가슴속에 삼킨 채 신음이나 침묵에 가까워지는 목소리가 '어깨를 기대는' 순간을 시인은 상상해 본다. 누구에게나 "말할 수 없는데도 기필코 말하기 위해/ 제 붉은 혓바닥을 씹어 삼켜야만 하는 침묵처럼"(「개」) 삼키는 말이 있을 것이다. 시인이 심려하는 것은 바로 목소리가 되지 못한 침묵이다. 그러한 심려 속에서 "누군가는 제 울음소리가 들리지 않을 무렵에야 길을 나섰을 것이다"(「오래된 말」)라고 시인은 적어 보는 것이다.

이제 우리는 답할 수 있겠다. 시인은 우리는 무엇을 향해 인도하는가. 그것은 인간 존재에 대한 내밀한 신중함이다. 이 신중함은 자기 존재를 하나의 기로로 여기고 무엇을 더할 것인지 덜어낼 것인지 판단하는 숙고로부터 시작한다. "이 거룩한 위장이 한평생이라면"(「거룩한 위장」), 시인은 버거운 삶을 삼키고 있는 자신뿐만 아니라 타인으로까지 심려를 확장한다.

핵심은 이 시집의 사려 깊음이다. 주목할 것은 시인이 취하는 것이 평온한 자리에서 연민하는 마음도 아니고, 공감하고 소통하는 자세도 아니라는 사실이다. 명백히 타자의 고통은 '침묵'으로 발견된다. 이것은 타자의 고통은 대리될 수 없는 것이라는 한계선을 긋고 있음을 암시한다. 이 한계를 명시하면서도 이 시집은 생명이 함께 놓여 있다는 이 사실을 음미하도록 만든다. 우리가 타자임에도 기적처럼 반복하는 사건, 맑은 아침처럼 매일 반복하는 하나의 사건이 있다. 그건 바로 사람이 사람에게 손을 뻗는 일이다. 마음은 마음을 '알기라도 하는 듯한' 착각에서도 손을 뻗는다.

> 그런 마음을 알기라도 하는지
> 나에게 말간 사과 한 쪽을 내놓고 있다
> 다 늦은 아침에 어느 착한 손이 있어
> ―「남은 사과」 부분

4. 삶의 여실성과 숭고함에 대하여

물론 이러한 도덕적 의식이 이 시집을 이루는 가장 깊은 심부는 아닐 수 있다. 오히려 그것은 신중한 자기 성찰 이후에 뒤따른 사려 깊음으로 보인다. 근본적으로 사람의 마음은 타자이다. 이 사실을 명시하고 있는 한, 이 시집에 재현된 다정한 손짓과는 별개로, 이 시집은 공동체적 도덕률, 즉 누구나 납득할 수 있는 도덕적 원칙에 기초하고 있지 않다. 이 지적은 중요하다. 왜냐하면 어떤 의미로 '타인에게 손을 뻗는' 몸짓으로의 이행은 자기 성찰의 여실성 속에서 획득된 것이지, 그 역이 아니기 때문이다.

> 이쯤에서 끝낼까
> 한계령으로 넘어갈까
> 하다가 그만둔다
> 내리막이 더 가파르다 그쪽은
> 돌아오기에 너무 멀다
> 하지만 잊는 것은 두려운 일이다
> 고작 몇 푼어치의
> 알량한 것들을 잃을까
> 걱정되어서가 아니라
> 그다음에 어떤 선택을 하게 될지
> 나도 모르기 때문이다
>
> ―「마흔」 부분

"이쯤에서 끝낼까"라는 물음은 통렬하다. 그것은 일생에 대한 각오와 추궁으로 우리를 이끄는 서늘한 질문이다. 이때 시인은 삶을 여실히 살아내는 쪽을 택하려 한다. 따라서 삶의 여실성은 모든 고통스러운 것과 수치스러운 것까지도 여실히 살아내려는 의지라고 정의해

볼 수 있다. 시인에게 죽음충동 역시 삶의 여실성보다 큰 것은 아니다. 왜냐하면 시인에게 모든 고통으로부터 벗어나는 것보다 두려운 것은 '선택하는 것'을 회피하는 일이기 때문이다. 어떤 삶의 기로 앞에서도 그는 진정 나로서 선택하는 쪽을 택할 것이다. 그렇기에 그는 차라리 죽어서 평안해지기를 바라기보다 매번 어떤 선택 앞에 서기를 택한다.

앞서 해설했듯 사색하는 자에게 무엇인가를 짊어져 온 과거와 짊어져야 하는 미래는 근본적으로 똑같이 존재론적 채무일 뿐이다. 여기서도 이러한 시간 의식은 반복하며, 이것이 그의 삶을 얼마나 둔중하게 짓누르는 의식인지 떠올려 볼 필요가 있다. 시인은 자신을 여실히 사색하고자 한다. 그런 한 그의 과거와 미래는 단 하나도 잊어선 안 되는 것, 빠짐없이 짊어져야 하는 대상이 된다. 존재함 자체가 채무이고 이자인 셈이다. 이러한 원칙은 가혹해 보이기까지 한다. 이러한 원칙을 세움으로써 그가 획득하는 것은 매 순간의 기로 앞에서 진실할 수 있다는 사실이다.

> 그때만 해도 저 지층이 없는
> 바람과 모래 언덕을 향해 느릿느릿 걷고 있었다
> 짓다 만 건물 앞의 흙덩이 같은 아이들이

그 커다란 눈으로 몰려들 때까지는

검게 타들어 간 눈동자가 이내 때 절은 손길이 되어

내 시선을 빼앗으면서

시장 한복판에 홀로 남겨질 때까지는

소똥인지 진흙인지 모를 내 발자국을 뒤돌아보기 전까지는

—「고도를 떠나며」 부분

이 모든 아무것도 아닌 것들을

정작 나는 찾아가고 있었는지 모른다

그런 게 나였고 이 지긋지긋한 삶이었고

한 점 붉은 먼지로 돌아가

온 세상을 이루는 것이었을지도

그러니까 황무지에서는 아무것도 아닌 것이 되어야 한다

—「햇빛과 먼지와 황무지와 그리고」 부분

   두 작품이 시간성을 재현하는 방식은 곧 존재를 추궁하는 방식이기도 하다. 「고도를 떠나며」가 사막을 가로지르다가 문득 자신의 발자국을 '뒤돌아보며' 과거를 상기하는 작품이라면, 「햇빛과 먼지와 황무지와 그리고」는 자신의 삶이 끝나 버린 이후를 상기하는 작품이다. 이처럼 두 작품은 현재의 '나'가 여실하게 살아왔는지, 혹은 여실하게 살아갈 수 있는지 되묻는 작품이기도 하

다. 그런데 또 한 가지 사실을 유념해야 한다. 이 두 작품에서 시간은 이해할 수 있는 대상으로 환원되어 있지 않다. 다시 말해 여기 재현된 시간성은 과거, 현재, 미래 순으로 배열된 선조적 이야기도 아니고, 현재의 '나'에게 어떤 삶의 해답을 제시하는 출구도 아니다.

  김태형 시인의 시에서 시간은 막막한 것, 단지 길고 짧음의 의미가 아니라 의미화할 수 없다는 차원에서 막막한 것이다. 그런 맥락에서 그에게 삶에 대한 회고나 기대는 매번 삶의 본질을 드러나게 만드는 추궁과도 같다. 「고도를 떠나며」에서 뒤돌아보았을 때 발견하는 "소똥인지 진흙인지 모를 내 발자국"을 발견했을 때, 필연적으로 '나'는 자신이 살아온 삶의 옳고 그름을 추궁할 수밖에 없다. 또한 「햇빛과 먼지와 황무지와 그리고」에서 모든 것이 "한 점 붉은 먼지로 돌아가"는 무상한 순간을 떠올렸을 때, '나'는 삶의 귀결이란 무엇인지 되물을 수밖에 없다.

  삶은 무엇인가. 이때 시인은 아름다운 결론을 찾는 것이 아니라 숭고한 물음을 지속하려 한다. 다시 말해 그는 우리의 삶이 의미 있는 것이라고 말하는 대신 삶의 황량한 진실을 들춘다. 여기서 삶은 "아무것도 아닌 것으로 돌아가기 위해서라도 그래서라도"(「아무것도 아닌 것으로 돌아가기 위해서라도」) 살아내는 것일 뿐이다. 삶에 대한 정확한 앎은 없다. 어쩌면 이 생명의 변증 속에서 '살아 있다'라는 사건의 주어조차 '나'가 아닐지도 모른다. 그렇기에 삶이 무엇인지 홀로 답할 수 있는 자는 없을 것이다. 다만 저 풍경이 "내가 모르는 세상 얘기를／다 들려주고 가는 그런 날이 있다"(『여행자』)라고, 막연한 예감 속에서 그는 말해 본다.

앞서 언급했듯 여실히 자신을 살아내려는 태도는 타인을 지극히 대하는 자세로도 옮아간다. 이 자세 또한 신중한 관조에 기초한다. 이 시집에서 타인이나 세계는 하나의 전체로서 재현되지 않는다. 이를테면 사람을 향해 "손밖에 기억이 나질 않아／새하얗게 볕살이 내려앉은 그 손밖에"(『눈먼 사내』)라는 시구나 새들을 향해 "기억나지 않는 울음소리를 물고 꽁지가 짧은 새들이 저만치 날아갑니다"(『위험한 정원』)라는 시구에서 타자는 이해의 대상으로 환원되지 않는다. 세상은 '나'의 이해를 벗어난 숭고한 타자성으로 가득하다. 심지어 자기 삶조차 그렇다. 자신의 삶을 사색하는 자세는 세상 모든 것을 지극하게 마주하는 태도로 이행한다.

이 시집의 신비는 바로 자기 존재를 여실히 살아내려는 의지와 타자를 숭고한 것으로 대하는 지극함 사이에서 빚어진다. 삶이 무엇인지, 함께 살아낸다는 사건이 무엇인지 '나'는 모르지만, '나'는 누구보다도 자신을 여실히 살아낼 것이다. 그 의무를 다하기 위해 이 시집에서 반복하는 몸짓은 던져지고, 잊히고, 사라지는 말까지 되살리는 일이다. "내 귀는 틀어 앉은 발바닥이 되어서도 물결 위를 걸어 다닌다// 낮게 바닥까지 내려가 검은 거울을 떠올린 바람이 물결로 돌아오는 동안// 걸어서 자기에게로 가기 위해, 가서는 오로지 자기가 되기 위해"(「진흙 연못」).

그러한 견딤 끝에 무엇이 있겠는가. 무엇보다도 그것은 가능한가. 이에 대하여 불가능하다거나 가능하다고 확답하는 대신 "누가 절벽까지 자기를 찾으러 오겠는가"(「다 셀 수 없는 열 마리 양」)라고 반문하는 데서 이 시집은 진실하다는 인상을 남긴다. 삶이라는 것이 무엇인지 모른 채 우리는 그것에 던져질 뿐이다. 누군가는 달아나고 싶을지도 모르는 진실 앞에서, 시인은 출구 없는 미로 속으로 향한다. 그렇게 지극하게 헤맨다. 그의 시는 찾아 헤매는 목소리의 떨림을 간직한다. 그것이 인간으로서 인간을 살아낸다는 사실에 대한 가장 여실한 흔적인지도 모른다.

청색지시선 10

다 셀 수 없는 열 마리 양
김태형 시집

초판 1쇄 발행 2024년 12월 31일

지은이	김태형
펴낸곳	청색종이
펴낸이	김태형
인쇄	범선문화인쇄
등록	2015년 4월 23일 제374-2015-000043호
주소	서울시 영등포구 문래동2가 14-15
전화	010-4327-3810
팩스	02-6280-5813
이메일	bluepaperk@gmail.com
홈페이지	bluepaperk.com

ⓒ 김태형, 2024

ISBN 979-11-93509-12-8 03810

이 책은 경기도, 경기문화재단의 지원을 받아 발간되었습니다. 저작권법에 따라 보호받는 저작물이므로 저작권자와 출판사의 허락을 받아야 복제하거나 다른 용도로 사용할 수 있습니다.

값 12,000원